집에서 깨우치는 수학의 원리

# 화장실 수학탐험대

**②편: 추론, 닮음, 둘레**

집에서 깨우치는 수학의 원리

# 화장실 수학탐험대

**2편: 추론, 닮음, 둘레**

박병하 지음

행성B

# Contents

**다시 화장실로**
**토마아드, 수학과 조금씩 친해지고 있어!** ······ 07

## 1부  수도꼭지

01  각도, 수도꼭지 손잡이의 비밀 ················· 15
02  추론, 차가운 물과 뜨거운 물은 어떻게 나올까? ········ 19
03  좌표, 차가운 물과 뜨거운 물의 지도를 그려보자 ······· 24

## 2부  비눗방울

01  비례식, 수학으로 생각하는 손 씻기················ 29
02  물방울은 뭉치려는 힘이 있어 ················ 33
04  부피와 넓이, 비눗물 안에 공기를 넣어봐 ············ 36
05  같은 넓이를 가지는 도형 중 길이가 가장
    짧은 도형은 원················· 39
06  같은 부피를 가지는 도형 중 넓이가 가장
    작은 도형은 공 모양 ················· 45
07  수학으로 비눗방울의 마음을 읽는다 ············ 47

## 3부  거울

01  거울은 '반사'한다················· 57
02  거울은 빛을 '같은 각도'로 반사한다················ 64

　03　거울로 '불'을 지르자 ·············· 69
　04　거울로 '벽의 높이'를 재보자 ·············· 79
　05　거울로 '나무의 높이'를 재보자 ·············· 86

## 4부　두루마리 휴지

　01　돌돌 말린 휴지는 나선 그 자체 ·············· 91
　02　두루마리 휴지, '직선운동'과 '원운동' ·············· 94
　03　두루마리 휴지는 원기둥, 동전도 원기둥 ·············· 97
　04　원의 둘레로 휴지의 길이를 알아보자 ·············· 104
　05　원 둘레를 알려면 반지름을 알아야 해 ·············· 111

## 5부　변기

　01　변기에는 '수학'이 모두 모였어 ·············· 121
　02　변기 물통에는 '부력'이 있다 ·············· 125
　03　변기 물통에는 '지렛대'가 있다 ·············· 129
　04　변기 물통에는 '부피'가 있다 ·············· 133
　05　막힌 곳을 뚫으려면 '압력'이 필요해 ·············· 136
　06　변기 물은 '나선'으로 내려가 ·············· 138

### 화장실을 나가며
**세상은 수학으로 가득해** ······ 141

## 등장인물

### 수아

초등학교 6학년. 수학은 수업 중인 교실에만 있다고
생각하던 수포 예비생 출신.
하지만 이모와 수학 탐험을 하면서
조금씩 변화하기 시작한다.
정확하게 생각하고 수식을 계산하는 것이 편해졌다.
'어? 세상엔 얼마나 많은 수학이 있는 거야!'

### 지호

초등학교 3학년. 수아의 동생.
수학을 잘 모르지만 몰라서 재미있다. 수학 탐험대는
놀이를 많이 해서 좋다.
신나게 놀았는데 수학도 알게 되었네!

### 소냐 이모

세상을 수학으로 보기를 즐기고 아르키메데스 님을 사랑한다.
수학 탐험대를 이끌며 화장실 속에 숨어 있는 수학을 보여준다.
'주머니'라고 부르는 가방을 항상 갖고 다니는데
이모의 주머니는 도르래, 밧줄, 상자, 칠판까지 나오는
신기한 물건! 이모는 항상 외친다.
"다르게 보면 더 잘 보인다. 세상에는 어디에나 수학이 있다!"

**다시 화장실로**

# 토마아드,
# 수학과 조금씩 친해지고 있어!

내 이름은 수아. 나도 한때는 수학을 좋아했다. 그리고 지금도 좋아한다. 많이는 아니다. 수학이 점점 싫어졌는데 이모를 만난 뒤 다시 좋아지는 중이다. 이모는 추운 나라에서 수학 공부를 하고 사막에서 살다가 돌아왔다. 이모는 자신을 소냐라고 불러 달라고 했고, 황금 사각형과 나선과 포물선을 좋아하고, 심심하면 머릿속으로 큰 수를 계산하는 게 취미다. 이모는 수학을 꼭 좋아해야 하는 건 아니지만 수학이 필요 없다는 생각은 틀린 생각이고 틀린 생각 1개가 잘못된 생각 10개를 만든다면서 화장실 수학 탐험대 토마아드를 만들었다. 토마아드호의 탐험대원은 아직 이모와 나, 잘난 척하는 내 동생 지호뿐이다.

우리는 새끼손가락보다 작아져서 화장실을 만났다. 그랬더니 모든 게 평소와 다르게 보였다. 다르게 보면 더 잘 보인다는 이모의 말이 맞는 것 같았다. 그렇게 우리는 화장실을 탐험하며 숨은 수학 찾기를 한다. 오늘도 우리는 이모가 반짝반짝 청소해 둔 화장실에 왔다. 이모네 화장실은 우리 집 화장실과 비슷하다. 미끈한 변기가 있고 환풍기가 있고 욕조가 있다. '수학에 반대한당'의 공격을 받아 우리는 거기서 모험을 했다. 또 뭐가 있더라? 어디 보자, 내가 너무 작아져서 잘 안 보인다… 눈을 감고 기억을 더듬어보자… 아까 작아지기 전에 봤던 것들… 음… 보인다… 비누, 수도꼭지, 거울, 화장실이니까 휴지도 있지. 그래… 거기에도 수학이 있을까?

'소냐 이모, 거기에는 어떤 수학이 있어요?'

물어보려고 눈을 떴다. 그런데 이모가 없다. 지호도 없다. 이게 뭐지? 술래잡기하나? 화장실을 둘러보니 숨을 곳도 없다. 갑자기 겁이 났다. 화장실에서 나가고 싶지만 내가 너무 작아서 문턱이 너무 높다. 어디서 모깃소리가 들렸다. 그쪽을 가만 보니 나보다도 훨씬 작아진 이모가 손을 흔들고 크게 외치는데 앵앵대는 소리로 들릴 뿐이다. 내 숨에 이모가 날아갈까 봐, 내 발에 이모가 밟힐까 봐 이모에게 가까이 가지 못했다. 느닷없이 하늘에서 천둥 같은 소리가 울렸다. 올려다 보니 지호다. 지호는 끝이 안 보일 정도로 엄청나게 크다.

"소냐 이모~"

"수아 누나~"

지호가 부르는 소리가 너무 크다. 이모는커녕 나도 못 본 것 같다. 지호의 발에 밟힐까 봐 피했다. 이모를 밟으면 안 되니까 조심하면서 뛰었다. 그런데 지호가 우리를 찾느라 움직인다. 거대한 발바닥이 우리를 향해 다가온다. 으아악!

덜컹대는 움직임에 놀라서 깼다. 다행히 꿈이었다. 우리는 기차 안이고 기차는 어떤 역에 섰다. 수학 탐험의 방학을 맞아 기차 여행을 하고 돌아가는 길이다. 오늘이 방학의 마지막 날이다. 어제가 방학의 첫날이었다. 나도 그렇고 지호도 그렇고 방학을 짧게 하자고 했다. 화장실에 어떤 수학이 또 있는지 보고 싶었기 때문이다. 그래도 방학이니까 수학은 완전히 쉬고 실컷 자고 놀 줄 알았다. 처음에는 그랬다. 그런데 여행 중에도 이모는 수학 본능을 참지 못했다.

기차 창밖으로 지나가는 차의 번호판이 5555인 것을 보고 이모는 "오호, 멋진데?"라면서 눈을 동그랗게 떴다. 나는 시큰둥

했지만 잘난 척 나라의 왕자인 지호는 두 손으로 얼굴을 감싸며 "오호, 멋진데?"라고 했다. 그 뒤로 한참 동안 이모는 창밖만 보고 있었다. 무슨 생각을 하는지 눈썹이 모아졌다 풀어졌다 했다. 지호는 이모를 흉내 내며 나를 보고 킥킥 웃었다. 좀 지나서 묻자 이모는 계산하고 있었다고 했다.

이모는 5555를 써서 더하고, 곱하고, 빼고, 나누어서 수를 만들었다고 했다. 예를 들어 5÷5하고 5-5를 더하면 1이 된다. 5÷5하고 5÷5를 해서 곱해도 1이 되고 55÷55를 해도 1이다. 신기했다. 2도 만들 수 있냐고 묻자 5÷5를 하고 5÷5를 해서 더하면 된다고 이모는 바로 답했다. 3도 됐다. 5+5+5를 하고 그 수를 5로 나누면 3이다! 나와 지호는 "오호, 멋진데!"라고 하며 박수를 쳤다. 잠시 뒤 내가 55-5하고 5로 나누어서 10을 만들자 지호는 5+5를 5로 나누고 5를 더해서 7을 만들며 으스댔다. 지호가 저 정도였나? 나는 놀랐다.

얼마나 많이 만들었냐고 이모에게 묻자 이모는 그사이에 수를 20개쯤 만들었다고, 그런데 8이 잘 안 만들어진다고 말하다가 싱긋 웃었다.

"그래서 수학이 재미있어. 그런데 어떻게 해도 8이 안 될까? 아니면 내가 지금 못 찾는 것일까? 그게 궁금해. 그게 진짜 수학이지. 어느 쪽일까?"

이모의 눈은 우리를 향했지만 표정을 보면 혼잣말이었다.

"5를 가지고 놀다가 질문이 또 생겼어. 5×5는 25야. 5×5×5는 125이고, 5×5×5×5는 625. 모두 25로 끝나지? 5를 한 번 더 곱해볼까? 그러면 3125야. 또 25로 끝났어. 그러면 5를 더 곱해도 계속 25로 끝날까? 그것도 궁금해."

이모는 5를 장난감 삼아 놀고 있다. 계산을 잘하면 수가 장난감처럼 되는 것 같다. 어느새 이모는 토마아드 탐험대를 이끌 때처럼 신이 났다. 생각이 멈추지 않은 것 같았다. "아까 이 생각도 했어" 하면서 종이와 연필을 꺼내 이렇게 쓰고

$$5=5$$
$$5\times5=25$$
$$5\times5\times5=125$$
$$5\times5\times5\times5=625$$
$$5\times5\times5\times5\times5=3125$$
$$5\times5\times5\times5\times5\times5=15625$$
$$5\times5\times5\times5\times5\times5\times5=78125$$
$$5\times5\times5\times5\times5\times5\times5\times5=390625$$

연필로 숫자의 끝을 가리키면서 잘 보라고 했다. 세 번째 줄의 끝은 125, 네 번째 줄의 끝은 625이고 그 뒤로 계속 125와 625가 교대로 나온다. 5를 더 곱해도 계속 이렇게 될까? 이런 일은 왜 생기는 걸까? 이것 말고 다른 법칙이 또 숨어 있는 건 아닐까?

신기했다. 수가 그런 성질을 갖고 있는 것도 신기했고 고작 5만 갖고도 저렇게 즐겁게 놀고 끝없이 생각을 이어가는 소냐 이모가 신기하기도 했다. 이모는 아주 예쁜 것을 본 사람처럼 들떠서 말했다. 그때 이모는 참 행복해 보였다. 옛날 같았으면 '방학인데 또 수학이에요?' 그랬을 것 같다. 그런데 지금은 나도 지호도 그런 투정을 하지 않는다. 그것도 신기했다. 그런 게 수학이라면 나도 이모처럼 수학을 잘하고 싶다. 나도 이모처럼 수학을 좋아하게 될 수도 있다. 어서 돌아가서 내일이 왔으면 했다. 빨리 토마아드호를 타고 화장실 구석구석에 숨은 수학을 찾고 싶었다. 기차가 너무 느리게 달리는 것 같았다.

# 수도꼭지

# 각도,
# 수도꼭지 손잡이의 비밀

우리는 다시 작아지는 약을 먹은 다음, 이모가 직접 만든 드론을 타고 세면대에 도착했다. 내가 드론을 타게 될 줄이야! 욕조에서 물 폭탄을 피해 다니며 온갖 고생을 했었는데, 지금은 화장실 위에서 아래쪽을 내려다보며 편안하게 비행을 즐겼다. 드론의 종착지는 세면대였다. 세면대에는 우리가 깨끗해지기 위해 꼭 필요한 것들이 있었다. 비누와 칫솔, 빗과 로션 등. 이모는 오늘 저것 중에서 어떤 게 수학이라고 우길까?

이모는 박물관 해설자처럼 또박또박한 말투로 이야기를 늘어놓으며 탐험을 시작했다.

"여기서는 제가 여러분께 수학자가 생각하는 방법을 보여주려고 합니다. 이 방법을 터득하면 여러분은 엄청나게 똑똑해질 겁니다! 지금부터 여러분이 주목할 것은 바로바로 이 수도꼭지입니다."

우리는 수도꼭지 주위를 돌아보고, 만져 보고, 위로 올라가 보기도 했다. 눈을 씻고 찾아보아도 수학이 어디에 있는지 보이지 않았다. 이모는 수도꼭지의 위로 올라가 손잡이 쪽으로 갔다. 손잡이를 위로 올리면 물이 나온다. 많이 올리면 많이 나오고, 적게 올리면 적게 나온다. 왼쪽으로 돌리면 뜨거운 물이 나오고, 오른쪽으로 돌리면 차가운 물이 나온다.

"우리 수아 그리고 지호 님이 얼마나 잘 기억하시는지 한번 볼까요? 내가 물을 써야 하는데요. 손잡이의 어느 부분을 잡아야 가장 힘이 적게 들까요?"

"끝이요."

지호가 외쳤다. 지렛대의 원리! 맞다. 길이가 힘을 세게 하지. 이모는 지호에게 손뼉을 쳤고 나에게도 손뼉을 쳤다.

"그럼 내가 가까운 쪽에서 한번, 그 다음은 먼 쪽에서 한번 들어보겠습니다."

실제로 가까운 쪽에서는 힘을 많이 써도 조금 올라갔고 먼 쪽에서는 힘을 적게 써도 많이 올라갔다. 이모는 높이 올렸다가 낮게 올렸다가 하면서 물이 많이 나오다가 적게 나오는 것을 보여주었다. 지호도 따라했다.

"손잡이가 길면 힘을 적게 쓰고도 쉽게 들어 올릴 수 있습니다. 그리고 각을 크게 하면 물이 많이 나오고 각을 작게 하면 물이 적게 나옵니다."

내가 '높다'와 '낮다'라고 말했던 것을 이모는 '각이 크다'와 '각이 작다'는 말로 바꿨다.

"그런데 어떻게 이럴 수 있을까요? 위로 올리며 각이 커지면 물이 많이 나오고, 아래로 내려 각이 작아지면 물이 적게 나옵니다. 왼쪽으로 회전하면 뜨거운 물이 나오고 오른쪽으로 회전하면 차가운 물이 나오죠. 이 수도꼭지와 손잡이의 안이 어떻게 만들어졌길래 이런 일이 생기는 걸까요?"

왜 그런 일이 생기느냐고? 그렇게 작동하도록 만들어졌으니까 그런 것 아닌가? 한 번도 생각해 본 적이 없었는데 이모가 질문하자 갑자기 나도 궁금해졌다.

"'그렇게' 만들어졌으니까"라는 대답 대신 "'어떻게' 만들었을까?" 하는 질문으로 바꾸니까 수도꼭지가 다르게 보였다. 폼이 난다고 할까? 비밀을 품은 수도꼭지와 손잡이가 나에게 무슨 말을 하려는 것처럼 보였다. 아니, 나보고 대신 말해달라고 하는 것 같았다.

# 추론, 차가운 물과 뜨거운 물은 어떻게 나올까?

우리는 세면대로 내려 왔다. 우리 셋은 생각에 생각을 거듭하고 서로 질문과 답변을 주고받았다. 함께 생각했더니 즐거웠다. 우리의 생각이 아래와 같이 정리되었다.

- 물이 나오지 않을 때는 무엇인가 수도관을 막고 있다.
- 손잡이의 각을 크게 할수록 막고 있던 무언가가 자리를 옮기면서 물이 나오는 통로가 커진다.
- 수도관 속의 손잡이와 연결된 지점 어딘가에 지렛대의 힘을 받는 곳이 있다.

- 수도꼭지 안쪽에 뜨거운 물이 있는 관이 이어져 있다.
- 수도꼭지 안쪽에 차가운 물이 있는 관도 이어져 있다.
- 손잡이를 왼쪽으로 돌리면 뜨거운 물의 관이 열리고 대신 차가운 물의 관은 닫힌다.
- 손잡이를 오른쪽으로 돌리면 차가운 물의 관이 열리고 대신 뜨거운 물의 관은 닫힌다.
- 손잡이를 가운데에 두면 차가운 물의 관과 뜨거운 물의 관이 반반씩 열린다.
- 물이 바깥으로 나오는 세 번째 관, 즉 수도꼭지와 이어진 관이 있다.

이렇게 쓰고 나서 이모는 말했다.

"이런 '조건들을 모두 만족하는' 그림을 그려보자. 조건들을 모두 만족하는!"

이모는 또박또박 말했다. '모두'는 아주 크고 느리게 말했다.

연필로 그림을 그리고 지우개로 지우고를 몇 번이나 했는지 모른다. 결국 우리는 힘을 합쳐 생각하고 그림을 완성했다. 뜨거운 물은 파란색, 차가운 물은 빨간색이라고 했다. 뜨거운 물이 빨간색 아니냐고 나와 지호가 질문하자 이모가 말했다.

"그건 표시일 뿐이야. 차가운 물이 빨간색이라고 우리끼리 약속하면 되는 거지."

그러면서 씩 웃었다. 어쨌든 여기 우리가 그린 그림이 세 장 있다.

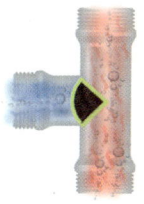  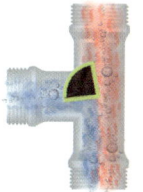

이모는 이것이 수학으로 생각하는 방법이라고 했다. 겉으로 드러난 것에 관해 질문을 던지고, 보이지 않는 안쪽에서는 무슨 일이 일어나는지 생각하는 것. 틀린 생각은 고치고, 반드시 지켜야 하는 조건을 찾고, 그것을 모아 단순한 결과를 만드는 것. 그런 과정을 추론이라고 한다. 이모가 추론을 설명하자 '추리'라는 낱말이 생각났다. 탐정들도 그렇게 하지 않나? 나의 영웅 셜록 홈스도 그런 식으로 한다. 범행 현장에서 보이는 것들을 꼼꼼하게 확인하고, 앞뒤 상황을 모두 따진다. 의미가 없는 경우는 빼고 가능성이 있는 경우는 깊이 생각한다. 그렇게 한 발씩 다가가 결국 범인을 찾아내는 것이다.

"이게 수학이에요? 셜록 홈스가 범인을 찾아내는 과정이랑 똑같네요?"

그러자 이모는 맞장구를 쳤다. 맞다. 방법은 비슷하다. 다만 셜록 홈스는 범인을 찾는 것이고, 수학은 수와 도형 안의 숨겨진 비밀을 밝히는 것이다.

그럼 지금부터 우리의 생각이 모여 만들어진 3개의 그림을 자세히 설명해보려고 한다. 뜨거운 물은 파란색, 차가운 물은 빨간색이다!

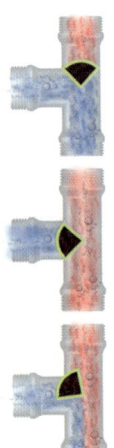

- 수도관은 총 3개다 : 뜨거운 물이 흐르는 관, 차가운 물이 흐르는 관, 물이 나오는 관
- 중간에 있는 부채를 펼친 모양의 장치가 교통정리를 한다.
- 손잡이를 왼쪽으로 회전시키면 그것이 차가운 물은 막고 뜨거운 물은 흐르게 한다.
- 손잡이를 오른쪽으로 회전시키면 그것이 뜨거운 물을 막고 차가운 물은 흐르게 한다.
- 손잡이를 중간에 놓으면 물이 반반씩 흘러 미지근하게 나온다.

손잡이의 각도를 높여서 부채 모양 장치를 높이 들면 물이 많이 나오고, 각도를 낮추면 물이 적게 나온다. 잠깐… 지금 생각해보니 부채 모양 장치가 지렛대의 힘을 받을 것 같다.

아니, 자신 있게 말할 수 있다. 힘을 받는 건 그것이다!

우리가 수도꼭지에서 수학을 찾아냈던 날이 벌써 오래되었다. 그런데도 내가 잊지 않고 이렇게 설명을 잘하다니 뿌듯하다. 정말 이모 말처럼 수학을 공부해서 내가 똑똑해진 걸까?

# 좌표, 차가운 물과 뜨거운 물의 지도를 그려보자

 다시 원래 크기로 돌아온 우리는 '증명'이라는 것을 했다. 이모는 모두 잘 맞아떨어지는지, 정말로 틀린 것이 하나도 없는지 확인하는 과정인 증명이 꼭 필요하다고 했다. 이모는 우리도 '증명'을 해보자며 수도꼭지를 분해하기 시작했다. 우리의 생각으로 얻은 그림과 실제 수도꼭지 내부가 같은지 확인해보자는 것이었다.
 분해가 끝나고 보니, 우리가 '추론'으로 그린 그림과 내부가 실제로 비슷해서 더 놀랐다. 우리는 함께 소리치며 손뼉을 쳤다. 이모는 금방 조립을 시작했다. 수도꼭지가 원래대로 돌아

오자마자 이모는 종이 위에 수도꼭지의 지도를 그려보겠다고 했다. 이건 훨씬 더 수학다운 그림이라면서.

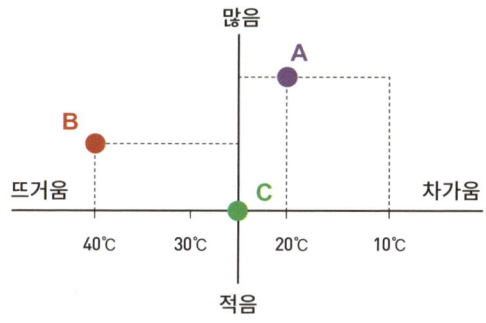

가로로 그은 선의 양 끝에 '뜨거움'과 '차가움'이라고 쓰고, 물의 온도를 10℃, 20℃, 30℃, 그리고 40℃라고 썼다. 세로로 그은 선의 위와 아래엔 '많음'과 '적음'이라고 썼다. 그리고 점 3개를 찍고 A, B, C라고 썼다.

"A는 손잡이를 오른쪽으로 회전시켜서 물을 20℃ 정도에 맞추고 위로 들어 올려 물을 많이 나오게 만든 상태를 의미해. 그럼 B는 뭐겠니? 그건 가장 뜨거운 온도인 40℃로 맞춰 놓고 물은 조금만 나오게 한다는 표시야. 중간 온도인 25℃쯤에 손잡이를 두고 손잡이를 전혀 들지 않는다는 긴 설명은 C라는 점 하나로 표시했지. 대단하지 않니? 말을 길게 하지 않아도 돼. 이런 것을 수학에서는 좌표라고 하지. 지도 같은 거야."

흥미롭게 듣고 있었지만 생각을 많이 했더니 피곤해졌다. 그런데 이모는 멈출 생각을 하지 않는다.

"40℃의 물과 20℃의 물이 만나면 온도가 어떻게 될까? 30℃겠지. 단, 잊지 말아야 할 것이 있어. 물의 양이 똑같을 때만 그렇다는 거야. 만약 40℃인 뜨거운 물이 전체의 70%이고, 20℃인 차가운 물이 30% 섞이면 몇 도일까? 또는 40℃인 물이 30%이고, 20℃인 물이 70%일 때에는? 더 어려운 문제도 있지. 40℃인 뜨거운 물과 20℃인 차가운 물이 나오는데 35℃가 되게 하려면 뜨거운 물을 전체 물 중 몇 %로 하면 될까? 아니면…"

"아악!"

나도 모르게 소리를 질렀다. 이모와 지호의 눈이 쟁반만큼 커졌다.

"수학이 문제 풀이가 아니라서 이제 막 좋아지려고 하는데, 또 문제를 푸는 거예요? 적당한 온도로 맞춰 쓰면 되지 그걸 왜 계산해요? 나는 안 할래요. 역시 수학은 싫어!"

이모는 갑자기 조용해졌다. 그러더니 자세를 바르게 하고 천천히 말했다.

"아이고, 미안합니다. 내가 지나쳤네요. 수학은 깊고 정확하게 생각하는 거죠. 그게 우선입니다."

# 비눗방울

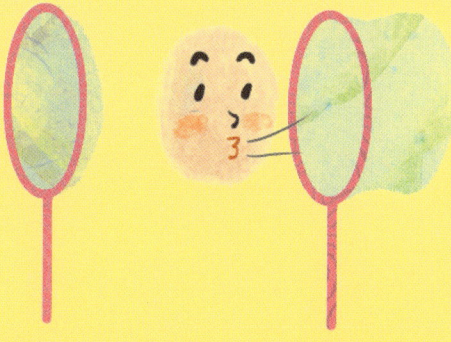

# 비례식,
# 수학으로 생각하는 손 씻기

"여기에도 수학이 있었네? 수학아, 안녕?"

이모가 손 흔들며 인사하는 곳을 봤더니 세상에, 그건 비누였다.

"비누에는 아주 예쁘고 아주 막강한 수학이 있어. 아주 부드럽기도 하지."

이모가 말했다. 나와 지호는 서로 얼굴을 봤다. 이모 덕분에 우리는 얼굴을 너무 자주 보게 되었다. 하긴 바닥도 욕조도 샤워기도 환풍기도 수학인데 비누도 수학일 수 있지. 근데 어떻게 비누가 수학이 될까? 또 뭘 재나? 거기에도 수식이 있나?

"얘들아, 우리 손 닦자. 물만 보이면 손을 닦으라는 말도 있잖니?"

손을 물에 적시고 비누를 문지르자 거품이 생겼다. 미끌미끌한 비눗물을 헹구고 나니 손이 깨끗해졌다. 이모는 기다렸다는 듯이 질문을 툭 던졌다. "닦는 게 뭘까?"라고 말이다. 어이없는 질문이어서 잠시 멈칫했지만 그건 때가 빠지는 거라고 내가 답했다. 그런데 이때 지호가 검지를 들고 이모 말투를 흉내 냈다.

"그렇다면 때가 빠진다는 것은 뭘까?"

그러자 이모가 씨익 웃으며 지호 말투를 흉내 냈다.

"그건 때라고 하는 것이 빠져나가는 거죠. 그럼 때는 뭐고 빠져나가는 게 뭐예요?"

우리 이모가 그러면 그렇지. 나는 오늘따라 괜히 짜증이 나는데 지호는 재미있다는 표정이다.

지호는 1초 만에 '때는 더러운 것이고, 빠져나간다는 것은 물에 씻겨 내려가는 것'이라고 답했다. 어라? 그러고 보니 지호의 말이 맞네.

"맞아. 더러운 것은 기름기야. 비누는 기름이랑 친하고 물이랑도 친해. 그래서 기름과 붙어서 물과 함께 씻겨 내려가는 거야. 맞죠?"

나는 이모에게 칭찬받을 준비를 하며 말했
다. 그런데 기대와 달리 이모는 잠시 고민하다
가 천천히 말을 시작했다.

"그렇게 볼 수도 있겠다. 그런데 다르게 볼 수 있지 않을까? 비누는 끈적끈적한 기름을 묽게 만들거든. 기름 덩어리가 뭉치는 힘을 약하게 해서 손에서 떨어뜨린 뒤, 물에 흘려보내는 거야. 우리 몸을 더럽히는 때나, 나쁜 바이러스 같은 것들도 비누를 만나면 힘을 못 써. 그런데 그게 다가 아니야. 비누는 물도 약하게 만들어!"

"뭐라고요? 비누가 물도 약하게 한다고요?"

나는 이모에게 맞섰다.

"비누가 기름을 약하게 한다는 건 알 것 같아요. 그런데 물을 약하게 한다는 건 무슨 말이에요? …음료수에 물을 섞으면 맛이 밍밍해지잖아요. 그걸 음료수가 물을 만나서 약해지는 거라면, 기름이 비누를 만나서 약해지는 것도 비슷하다고 볼 수 있겠죠?"

여기까지 말하는데 나도 모르게 머릿속에 이런 비례식이 만들어졌다.

## 기름:비누 = 음료수:물

 어? 어떻게 된 거지? 학교에서 비례식을 보면 왜 배우나 생각했는데, 이제는 내가 직접 식을 세웠네? 맞았는지 틀렸는지는 모르겠지만 스스로 이런 생각을 한 것이 놀라웠다.
 "그런데 물과 비누가 만나면 물은 더 탁해지잖아요. 이게 어떻게 약해진 거예요?"
 지호는 놀란 얼굴로 나를 본다. 내가 너무 사납게 말했나? 나는 그저 궁금했을 뿐이다. 한번 생각을 시작하니 생각이 한꺼번에 쏟아지는 것 같다.

# 물방울은
# 뭉치려는 힘이 있어

생각이 쏟아져서 그런지 조금 졸렸다. 이모는 그런 나를 보고 활짝 웃더니 우리에게 몇 개의 상황을 보여주었다.

먼저 세면대에 물을 한두 방울 떨어뜨렸다.

"물이 왜 흘러내리지 않고 이런 모양으로 있을까?"

그다음 컵에 물을 부었다. 물이 찰랑찰랑 찼다.

"물이 컵의 끝과 나란히 있지 않아. 중앙에 있는 물은 왜 컵의 끝부분보다 조금 위로 볼록하게 올라와 있을까?"

마지막으로 이모는 떨어진 물 가까이에 조심스럽게 물을 부어 물방울을 하나 더 만들었다. 그런 다음 그 가운데에 물방울

을 하나 톡 떨어뜨렸다. 그러자 2개의 물방울이 하나로 쑥 합쳐졌다.

"왜 이것들이 하나가 될까?"

나는 뭔가 알 것 같았다. 눈앞에 번개가 번쩍했다. 지호의 눈에도 불꽃이 튀고 있었다.

우리 셋은 동상처럼 우두커니 서서 물을 보고 있었다. 지나가는 누군가가 보았다면 우리에게 이렇게 말했을 것이다.

"쟤네 미쳤다."

그러나 그때 우리는 '생각하고' 있었다.

시간이 얼마쯤 지났을까? 이모가 우리 손을 잡았다. 한 손은 지호의 손을 다른 한 손은 나의 손을. 그 순간에 또 번개가 치고 무언가를 보았다.

"맞아! 바로 그거야!"

내가 그렇게 말하는 순간 지호도 깨달았던 것 같다. 이모는 우리 둘의 얼굴에서 빛이 난다고 했다.

그러니까 물은 서로 뭉치려고 한다. 그걸 '힘'이라고 부를 수 있는지는 잘 모르겠지만, 물은 뭉치려는 '힘'이 있다. 그러니까 물을 약하게 한다는 것은, 물의 힘을 약하게 한다는 것이고, 결국 물의 뭉치는 힘을 약하게 한다는 것이다.

"너희들이 생각한 것이 내가 말한 것과 같지? 너희들 표정을 보니 알겠다."

맞다. 내 눈앞에서 번개가 치는 그 순간 보였던 게 그거다. 우리는 말 없이도 알 수 있었다. 우리가 같은 것을 보며, 같은 생각을 하고 있다는 것을. 셋은 서로를 보며 웃었다. 미소가 따뜻하면서도 날카로웠다.

# 부피와 넓이,
# 비눗물 안에 공기를 넣어 봐

"비누는 물의 힘을 약하게 해. 그래서 물이 흐물흐물해져. 쭉 늘어나기도 하고 넓게 퍼지기도 하지."

이모는 비눗물을 만들고 주머니에서 동그란 테를 꺼내어 비눗물을 묻혔다. 그러곤 살살 바람을 불었다. 얇고 예쁜 비눗방울이 날아다녔다. 그러는 사이 이모는 더 큰 테를 꺼내더니 잘 보라고 했다.

이모가 살살 불자 처음에는 평평했던 투명막이 부풀어 커지다가, 테에서 떨어져 둥실 날아올랐다. 떠다니던 비눗방울은 점점 공 모양이 되어 갔다. 그러다가 곧 터졌다. 나도 지호도

　비눗방울을 만들어보았다. 처음에는 잘 안되다가 몇 번 하니까 비눗방울을 잘 만들 수 있게 되었다. 이모가 입을 열었다.

　"바로 이거야. 비누가 물을 부드럽게 했다는 것이. 물만 있으면 안 되거든. 물은 뭉쳐서 물방울이 되지 공기를 받아들일 줄 몰라. 그런데 비누와 물을 합쳐보니 공기가 들어가고 늘어나서 공간이 생기지? 물방울이 아니고 가운데에 공기를 가득 담았잖아. 그런데 좀 이상한 거 없니?"

　이모는 커다란 비눗방울을 몇 번을 더 만들었다. 여러 개의 비눗방울이 거의 항상 같았다. 처음에는 볼록해지다가 다음에는 길쭉해지고 나중에는 동그랗게 된다! 이모는 비눗방울을 만드는 사이에 더 말해주었다. 비눗방울이 물의 힘을 완전히 약하게 한 건 아니다. 테에서 떨어져 나갈 때 찢어지거나 터지지 않고, 다시 뭉친 것이 그 증거다. 물은 아직도 서로를 끌어당기고 있다. 단지 부드러워졌을 뿐이다. 그러는 사이에 나와 지호는 이모가 무엇을 물어볼지 예상할 수 있었다.

    길쭉한 모양에서, 점점 동그랗게 되고, 결국 완전히 동그란 모양으로 바뀐다!

    "항상 공 모양이 되는데요?"

    지호에게 잘난 척할 기회를 주려고 내가 가만히 있었더니 정말로 지호가 그렇게 말했다.

    "왜 이게 공 모양일까?"

    그러면 그렇지. 이모의 질문이 등장했다. 그리고 대답까지 해주었다. 물이 뭉치려는 힘이 있고, 비누가 그 힘을 부드럽게 해준 것은 맞다. 그러나 이 두 가지 사실만으로는 비눗방울이 아주 얇은 공이 되는 이유를 설명하기 어렵다. 다만 수학자들이 밝힌 사실에서 그 이유를 짐작할 수 있다. 그것이 뭐냐 하면 바로 이것이다.

    "같은 부피를 가지는 모양 중 표면의 넓이가 최소인 것은 공 모양의 도형이다."

# 같은 넓이를 가지는 도형 중 길이가 가장 짧은 도형은 원

우리가 모르겠다는 표정을 짓자 이모는 예상했다는 듯 끄덕이며 핀을 2개 꼽고 실을 꺼내 두 지점을 이었다.

"자, 여기 내가 점을 2개 찍었어. 이 점에서 이 점으로 가는 길이 아주 많아. 하지만 이 중에서 길이가 가장 짧은 건 뭘까?"

물론 직선이다. 이모도 답을 기다리지 않았다.

"직선이지. 이번에는 좀 어려우니 잘 들어봐. 이제 100㎠이라는 넓이를 줄 거야. 그 넓이를 만들 수 있는 도형 중 둘레의 길이가 가장 짧은 것은 뭘까?"

물론 모른다. 너무 어려워서 답하지 않으니, 이번에도 이모는 답을 오래 기다리지 않았다.

"그건 원이야. 정말 그런지 볼까?"

넓이가 100㎠인 도형들로 이모는 여러 가로와 세로의 길이가 다른 도형들을 만들었다.

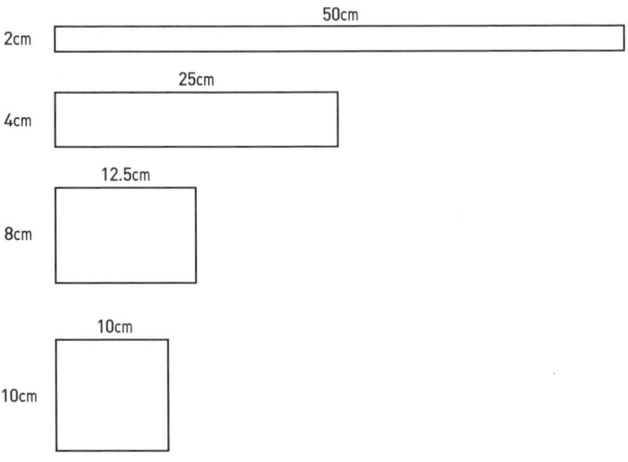

한쪽이 2㎝이고 다른 쪽이 50㎝인 직사각형

한쪽이 4㎝이고 다른 쪽이 25㎝인 직사각형

한쪽이 8㎝이고 다른 쪽이 12.5㎝인 직사각형

한쪽이 10㎝이고 다른 쪽이 10㎝인 정사각형

그 외에도 다양한 도형을 그린 후, 그것들이 모두 원보다 길다는 것을 보여주었다. 어떤 건 자로 직접 재보았고, 어떤 건 계산해보기도 했다. 그 모든 것을 다 알려줄 수는 없지만, 기억나는 몇 개를 적어보겠다.

길이가 각각 2cm, 50cm인 직사각형 둘레의 길이는 104cm다. 2cm가 2개, 50cm가 2개니까.

길이가 각각 4cm, 25cm인 직사각형 둘레의 길이는 58cm다. 4cm가 2개, 25cm가 2개니까. 계산에서 어떤 길을 선택하든 결과는 58cm다.

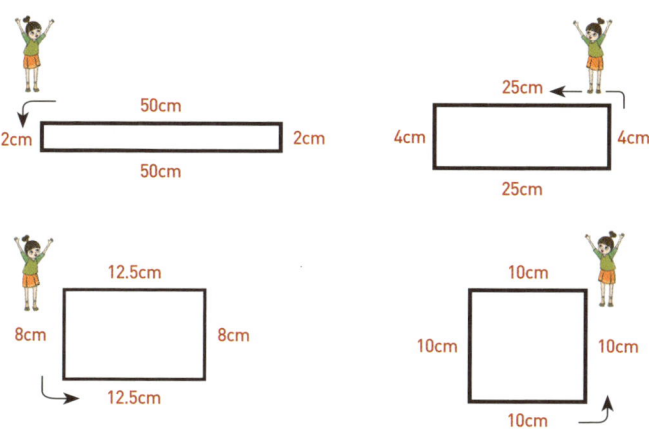

길이가 각각 8cm, 12.5cm인 직사각형의 둘레는 41cm이다.

길이가 각각 10㎝, 10㎝인 정사각형의 둘레는 40㎝이다.

결과만 다시 쓰면 이렇게 된다.

104㎝ → 58㎝ → 41㎝ → 40㎝

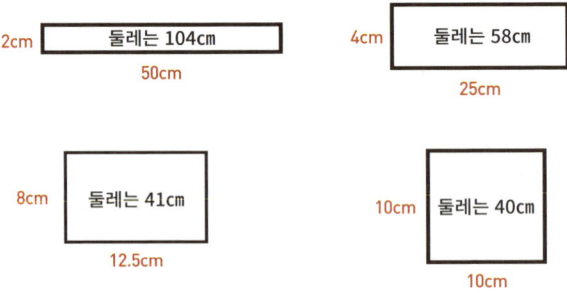

정사각형이 될 때까지 둘레의 길이가 점점 줄어들었다!

"그럼 길이가 각각 3㎝, 33㎝ 정도인 직사각형의 둘레는 104㎝와 58㎝의 사이인가요?"

내가 묻자 이모는 잠시 멍한 표정이더니 곧 얼굴이 환해지며 나를 와락 끌어안았다. 이모가 기쁜 표정으로 눈물도 조금 흘리는 것 같았다. 이모가 왜 그런지 몰랐지만 기분은 좋았다. 계산을 하더니 이모는 둘레가 72㎝쯤이라고, 정확히 하면 72㎝가 살짝 넘을 것이라고 했다. 나는 길이가 각각 5㎝, 20㎝라면 둘레는 58㎝와 41㎝의 사이일 거라고도 말했고 이모는 감격했다.

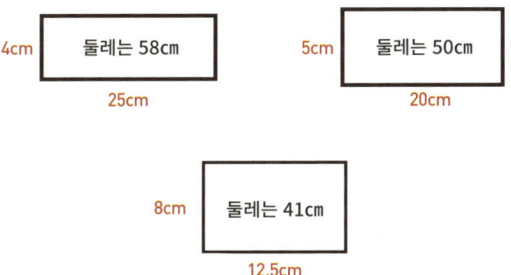

빠르게 계산하더니 그때 둘레는 50㎝이라고 했다.

그렇다면 원의 둘레는 더 적어질 수도 있겠다는 생각이 들었다. 내가 그 생각을 말하자 이모는 나를 보고 입을 다물지 못했다. 잠시 후 이모는 웃으며 내게 윙크하고는 천장을 보고 혼자 흥얼거렸다.

"넓이가 100㎠이니까 그걸 3.14쯤으로 나누고…. 그럼 30하고 2가 조금 안 되겠군. 거기에 루트 계산하고…. 음, 5.5보다 조금 크네. 거기에 다시 파이를 곱하고…. 마지막에 2를 잊으면 안 되지. 2까지 마저 곱하면, 아! 답이 나왔다. 36이 조금 안 되네!"

무슨 말인지 모르지만 수학을 잘하면 저런 계산도 할 수 있나 보다 했다. 물론 나는 이모가 틀리지 않았다고 믿는다. 이모가 계산할 때 얼마나 조심하는지, 그리고 확인에 확인을 거듭하는지 보았기 때문이다. 나는 이모를 믿는다.

"지금까지 우리는 넓이가 100㎠인 여러 도형을 만들었는데 그중 넓이가 100㎠인 원이 다른 도형들의 길이보다 작았어. 그렇다고 해서 원이 가장 작을까? 원보다 더 작은 도형은 정말 없을까?"

이모는 그런 걸 밝히는 건 꽤 어렵다고 했다. 그러나 어렵기 때문에 아주 재미있다고, 생각하는 재미가 100배는 된다고 했다. 그런 것을 밝히는 것이 수학이라는 말도 덧붙였다.

# 같은 부피를 가지는 도형 중 넓이가 가장 작은 도형은 공 모양

충분히 쉬고 화장실로 돌아와서 비눗방울 놀이를 했다. 어떻게 하든 비눗방울은 결국 공 모양이 된다는 이야기가 이어졌다. 부피를 1000㎤로 정하고, 가장 작은 넓이로 그 부피를 감싸려면 공 모양이 되어야 한다. 아까 넓이가 100㎡인 직사각형들을 모아 정사각형으로 만들면서 비교했듯이 이번에도 비슷한 방법을 써 보았다. 부피가 1000㎤인 직육면체 상자를 여러 개 만들고 그것의 넓이를 본다. 비교해보니 주사위 모양인 정육면체로 갈수록 표면의 넓이가 작아졌다. 그 말은 부피가 1000㎤인 상자를 만드는데 그 상자의 겉면을 물감으로 칠한다면, 정육면체일 때 물감이 가장 적게 든다는 말이다. 그런데 상자를 '공' 모양으로 만들면 그때는 물감이 정육면체일 때보다 더 적게 든다. 계산은 어려웠지만 이모가 하려는 말은 알아들었다. 그때부터 내 눈앞에 질문들이 둥실둥실 떠다녔다. 과일들은 왜 공 모양이 많지? 축구공, 농구공, 야구공… 그 많은 공은 왜 모두 공 모양일까? 튕겨 오른 물방울은 또 왜 공 모양이지? 지구도 태양도 공 모양이네?

"비눗물에게도 공 모양이 가장 좋아. 비누 때문에 부드러워져서 물이 공기를 듬뿍 받아들이지만, 물은 서로를 계속 끌어당기거든. 그래서 겉넓이를 가장 작게 만들어."

이모가 말했다.

"아니, 비눗방울에게 물어보지도 않고 어떻게 알아요?"

이모는 내 질문을 듣고 곰곰이 생각하더니 이렇게 답했다.

"그러네. 수아 말이 맞아. 나도 생각을 못 해봤네. 공 모양이 최소인 것은 맞아. 그렇지만 비눗방울이 정말로 공 모양이 되고 싶었던 건지는 비눗방울에게 물어봐야겠지. 그런데 묻지 않고도 마음을 조금은 알 수 있어. 아마 수학이 그걸 알게 해줄 것 같아."

# 수학으로
# 비눗방울의 마음을 읽는다

비눗물이 공기를 받아들이면서 넓이가 최소가 되려고 마음먹었을까? 내 생각엔 그런 것 같지만 정말인지는 알 수 없다. 우리는 비눗물이랑 대화를 나눌 수 없으니까. 그럼 어떻게 할까? 포기할까? 아니다. 우리 방식으로 비눗물의 마음을 짐작해보자는 게 이모의 주장이다. 마치 외국 사람을 만나면 말이 안 통해도 표정과 몸짓으로 마음을 짐작할 수 있는 것처럼 말이다.

이모는 둥근 테를 하나 더 꺼내 2개를 겹치고 비눗물에 묻히더니 두 팔을 벌렸다. 놀라운 광경이 펼쳐졌다. 나와 지호는 감탄했다.

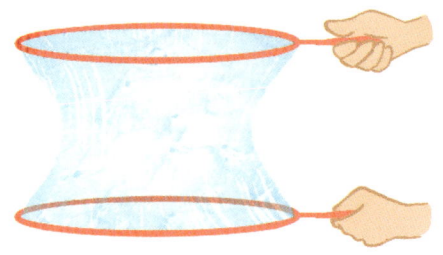

　얇디얇은 비눗물의 막에 영롱한 빛이 비치고 가운데가 홀쭉하게 들어간 모양이었다. 나도 아름다운 걸 내 손으로 만들어 보고 싶었다. 이모는 주머니에서 테를 몇 개 더 꺼내서 우리에게 나누어주었다. 나는 길게도, 짧게도 해봤다. 길이는 제각각이었지만 모양은 계속 비슷했다. 그 사이 이모는 말했다. 바로 그 모양이 양쪽 끝의 테를 잇는 최소 넓이라고. 즉 두 테를 잇는 다른 어떤 모양을 만들어낸다고 해도, 방금 비눗물이 만든 것보다 그 넓이가 크다고.

　"결국 비눗물이 스스로 만든 이 모양이 넓이가 가장 작아."

　이모는 항아리처럼 볼록한 모양을 주머니에서 꺼냈다.

　"이 모양의 넓이가 비눗물이 스스로 만든 것보다 더 커."

　그럴 것 같았다. 더 볼록하니까. 이모는 원기둥 모양도 꺼냈다. 그리고 비눗물이 만든 모양보다 더 홀쭉한 것도 꺼냈다. 그것도 넓이는 비눗물이 만든 것보다 크다고 했다. 저렇게 비눗

 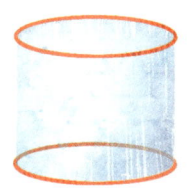 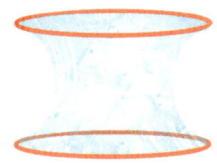

물이 스스로 만든 저 모양의 표면이 다른 어느 것보다 작다.

이 사실은 아주 오래전에 발견되었고, 오일러라는 수학자가 '증명'까지 했단다. 보일러가 아니라 오일러라고, 잘 기억해두라고 이모는 말했다. 이모가 아르키메데스 님만 짝사랑하는 줄 알았더니 오일러도 있나? 오일러가 이 사실을 밝힌 것은 지금 같은 비누가 생기기도 한참 전이었다고 한다! 정말 놀라웠다. 오일러는 왜, 그리고 어떻게 이걸 생각하게 된 걸까?

이모는 주머니에서 투명한 판 2개를 연결한 무언가를 꺼냈다. 두 판 사이에는 4개의 기둥이 있었다. 이모가 그것을 비눗물에 넣었다 뺐다 했더니 이런 모양이 나왔다. 우리는 이 판을 위에서 내려다보며 이모의 이야기를 들었다.

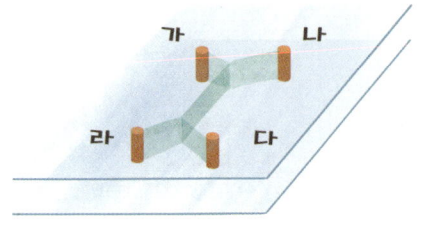

 "이 판이 어떤 나라라고 해보자. 여기 '가, 나, 다, 라'는 네 도시가 있어. 각각의 도시를 철도로 연결하려고 하는데, 이건 돈이 아주 많이 드는 일이거든. 그래서 네 도시를 연결하되, 길이를 다 합했을 때 가장 짧은 거리로 만들고 싶었어. 어떻게 하면 좋을지 사람들이 고민했지. 사람들은 다양한 주장을 냈어."

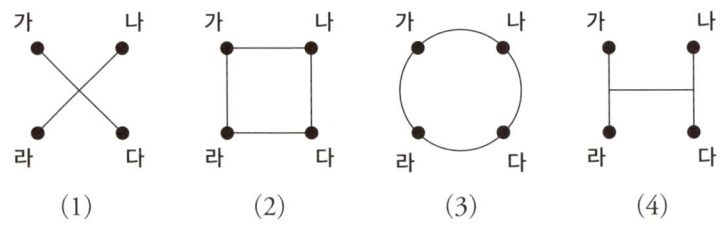

 이때 이모는 실제 비눗물이 만든 길과, 사람들이 주장한 네 가지 길을 비교해서 보여주었다. 자로 재어보기도 하고, 손가락으로 따라가보기도 했다. 그중 비눗물이 만든 길이 가장 짧았다. 눈으로 보았을 때 나는 (1)이 가장 짧다고 생각했고, 지호는 (4)가 가장 짧을 거로 생각했는데, 실제로 살펴보니 비눗물이 만든 것이 가장 짧았다!

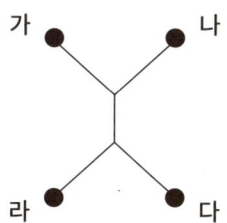

이모는 판을 하나 더 꺼냈고, 그 판에는 3개의 도시가 있었다. 이 세 도시를 철도로 연결할 때 가장 짧은 거리는 무엇일지 이모가 물었다.

생각할 필요가 없었다. 우리는 그 판을 바로 비눗물에 넣었다가 뺐다. 비눗물은 이런 모양을 만들었다. 이모는 실제로 이 길이가 가장 짧다고 했다. 아무리 다른 방법을 찾아 연결해보아도 결국 이 길이보다는 길다고, 그럴 수밖에 없다는 것을 수학이 보여주었다고.

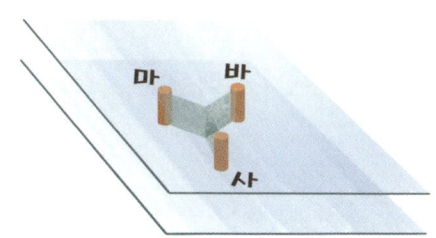

그럴 수밖에 없다는 것을 수학이 보여줬다니… 그게 무슨 말인지는 잘 모르겠지만 이모 말이 맞겠다고 생각했다. 이모는 내가 다 알아들었다고 생각했는지 아주 뿌듯해했다. 그리고 어김없이 이모가 항상 하는 그 자세가 나왔다. 똑바로 서고 검지로 하늘을 가리킨다.

"그렇지? 수학을 알면 비눗방울의 마음도 알 수 있다!"

비눗방울 이야기는 거기서 끝이 날 뻔했다. 이모는 아직도 비눗방울로 할 말이 많은 표정이었지만 지호가 화장실을 가고 싶다고 했다. 여기가 화장실인데 어디로 화장실을 가냐며 지호를 놀리다가 이모와 나는 잠시 자리를 옮겼다. 이모는 아까 그 판들을 가지고 왔다. 거실에 와서 이모는 말했다.

"이거 좀 볼래?"

아까 그 판을 다시 비눗물에 넣었다가 뺐다. 똑같은 모양이 나왔다. 그 판들을 조심스레 바닥에 놓고, 이번엔 주머니에서 각도기를 꺼냈다. 판을 위에서 아래로 내려다보았다. 그리고 각을 재기 시작했다.

각도기

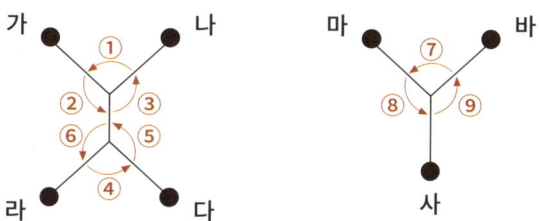

한 번, 두 번, 세 번,…. 길이 만나는 곳마다 각을 쟀다. 총 아홉 번의 값을 구해서 공책에 썼다.

각① 120°

각② 120°

각③ 120°

각④ 120°

각⑤ 120°

각⑥ 120°

각⑦ 120°

각⑧ 120°

각⑨ 120°

지호가 어느새 화장실에 다녀와서 말했다.

"뭐야? 왜 입을 못 다물어, 누나?"

그제야 나는 입이 떡 벌어져 있었다는 걸 깨달았다. 이모는 내게 살짝 말했다.

"그걸 '120의 비밀'이라고 한단다."

"정말요?"

내가 묻자 이모는 즉시 답했다.

"아니, 내가 하는 말이지. 하하하."

지호는 왜 둘이서만 이야기를 하는 거냐고, 둘만의 비밀이 뭐냐고 물었지만 이모는 말없이 판을 치웠다. 지호가 자꾸 떼를 쓰니까 이모가 방울이 모인 포도 모양의 비눗방울을 만들어 주었다. 비눗방울이 포도와 같다고 했지만 실은 달랐다. 포도는 포도알이 다 따로따로인데, 비눗방울은 그렇지 않았다.

여기에도 분명 수학이 있겠다는 직감이 들었지만 이모에게 아무것도 묻지는 않았다. 비눗방울과 마음의 대화를 나눈 것 같은 날이라 충분했다.

나중에 또 만나자. 비눗방울, 안녕!

# 거울

# 거울은 '반사'한다

"거울아, 거울아."

거울 앞에서 눈을 감고 두 팔을 높이 올리고 이모가 말했다. 거울은 조용했다. 이모는 느끼하게 한 번 더, 천천히 말했다.

"거울아~ 거울아~"

나와 지호는 이모와 거울을 보았다. 그러나 아무 일도 일어나지 않았다.

"어라? 오늘은 거울이 대답을 안 하네?"

이모는 뒤돌아 우리를 보면서 씩 웃었다.

"나 혼자 있으면 '네, 소냐 님, 무엇이 궁금하시나요?'라고 거울이 답하는데 오늘은 거울이 부끄러운가 보다."

나는 피식 웃으며 속으로 생각했다.

'이모, 거울에도 수학이 있다고 말하려고 그러죠? 다 알아요!'

이모는 활짝 웃으며 대뜸 질문 하나를 던졌다.

"거울은 무엇을 하는 물건이지?"

역시나 질문 공세가 시작되었다. 이제 나와 지호는 이 상황에 익숙해져서 생각나는 대로 신나게 답을 했다. 거울은 보는 것이라고 했고, 무엇을 보냐는 질문에 자기 자신을 보는 것이라고 했다. 벽과 달리 거울은 왜 자기 자신이 보이는 거냐는 질문에 원래 그렇게 만들어졌기 때문이라고 했다. 당연히 이모는 그게 어떻게 가능하냐고 했다. 나는 매끈하기 때문이라고 답했다. 갑자기 이모가 검지를 들며 소리를 질렀다.

"바로 그거야. 매끈한 거!"

이모는 오래전에 거울을 어떻게 만들었는지, 그리고 지금과 비슷한 형태의 거울은 언제부터 만들어졌는지 설명해주었다. 그리고 힘주어 말했다.

"중요한 낱말은 '반사'야. 무엇을 배우든 대표적인 낱말 하나를 잡아내는 것, 그것이 공부에서는 참 중요해! 거울의 힘이 있고 수학이 있다면 거기에서 가장 중요한 건 바로 반사란다."

거울은 반사한다. 그래서 우리는 반사된 것을 본다. 내가 거울 앞에 서면 내 모습이 거울에 비친다. 내가 거울에서 몇 발자국 뒤로 가면, 나는 작게 보인다. 내 옆에 지호가 서 있었는데 거울에서도 지호가 내 옆에 서 있다. 이모는 나와 가까이 서 있다가 지호가 있는 쪽으로 자리를 옮겼다. 거울에서도 이모의 위치가 바뀌었다. 이모는 펄쩍펄쩍 뛰기도 했다. 이모가 뛰면 거울 속의 이모도 뛰었다. 그런데 이모는 내 옷에 쓰인 글자를 읽어보라고 했다. 나는 쉽게 읽었다. 내가 좋아하는 옷이라 이미 아는 글자였기 때문이다.

이모는 우리가 못 보게 종이에 글씨를 썼다. 그걸 가슴 쪽에 붙인 후 거울을 보며 읽어보라고 했다.

거울 수학

처음에는 헷갈렸지만 결국 맞췄다. 거울 수학! 이모는 기다렸다는 듯이 다른 글씨도 썼다.

약간 어지러웠지만 우리는 이것도 맞췄다. 그런데 정말 어지러운 건 그게 아니었다. 갑자기 이모가 질문 폭탄을 펑펑 터뜨린 것이다.

"글씨들이 왜 뒤집어졌지? 그리고 왜 위아래가 아니라 좌우로만 뒤집어지지?"

당연한 거라고 말할 뻔했다. 그런데 생각해보니 당연하지는 않다. 왜 뒤집어지는 거지? 거울은 이걸 어떻게 하는 거지? 좌우로는 뒤집으면서, 왜 위아래로는 못 뒤집지? 뒤집으려면 필요한 게 뭐지? 왜 나는 이모가 하는 질문을 생각해본 적이 없을까? 내가 이런저런 생각을 하는 것을 이모가 보더니 질문을 멈추고 지호를 향해 말했다.

"호수에 비친 산은 위아래가 뒤집혀 보여. 그건 우리가 정면으로 보는 거울과 달라. 그 이야기는 나중에 하고 거울에 비춘 글씨가 왜 뒤집어지는지 말해보자. 그걸 알면 왜 위아래로 뒤집어지지 않는지도 알 수 있을 거야. 자, 내 글씨를 보면서 생각해봐."

이모는 이번에도 글씨를 썼다. 다만 종이가 아니라 투명한 비닐에 썼다. 그러자 거울에 글씨가 뒤집어지지 않았다. '거울 수학'이라고 이모가 썼는데 거울에도 그대로 '거울 수학'으로 반사되었다. 투명한 비닐을 몸에 붙이고 읽어보라고 했다. 당연히 '거울 수학'이었다. 우리가 거울 수학을 합창하자 이모는 "좋았어"라고 말했다.

그리고 이모가 돌아섰다. 우리가 거울을 보자 글씨가 뒤집어졌다. 나는 그 순간, 이게 뭔가 싶었다.

이모는 투명한 비닐에 글을 또 썼다. 이번에는 '토마아드'였다. 그걸 거울 앞에서 들자 거울에 '토마아드'로 보였다. 그런데 그것을 몸에 붙여서 우리에게 보여줬고 그때만 해도 분명히 '토마아드'로 보여서 우리는 '토마아드'라고 우렁차게 외쳤다. 그다음 이모는 뒤돌아서 거울에 글자를 비추었다. 또 글자가 뒤집했다. 지호는 우리가 합창해서 뒤집힌 것 같다고 했다. 이모는 깔깔 웃었다. 지호가 아주 좋은 생각을 했다면서 증명해보자고 했다. 같은 동작을 다시 할 테니 동시에 외치지 말라고 했다. 지호의 말에 어이가 없었지만, 나 역시 소리 내지 않았다. 그러나 우리가 합창하지 않아도 이모가 돌아서면 글자는 뒤집혔다. 이모는 말없이 같은 과정을 계속 반복했다. 어느 순간 나는 깨달았다.

"아, 그거였구나!"

지호는 대단하다는 표정으로, 이모는 미소지으며 나를 보았다. 나도 모르게 목소리에 힘이 들어갔다.

"이모가 뒤집었어요. 거울이 아니라."

이모는 엄지를 척 올리며 내 말을 더 정확하게 바꿔주었다.

"그래, 정확해. 글씨가 거울에 반사되어 뒤집어진 게 아니라, '내가' 글씨를 뒤집어서 반사한 거야!"

거울은 반사만 할 뿐이다. 뒤집지 않는다. 종이에 글씨를 써서 '우리가' 옆으로 돌아서며 그 글씨를 옆으로 뒤집어서 거울에 비추니까 마치 '거울이' 글씨를 뒤집은 것처럼 착각한 것이다. 거울은 글씨를 어느 방향으로도 뒤집지 않는다. 그래서 '왜 거울에 비친 상은 좌우로만 뒤집어지고, 위아래로는 뒤집어지지 않을까?'라는 질문은 처음부터 잘못된 것이다.

이모가 말했다.

"그럼 호수에 비친 산은 어떻게 된 걸까? 그건 잔잔한 호수가 거울의 역할을 하니까 해서 그래. 거울이 정면이 아니라 바닥에 있다는 거만 다르지. (그래서 위아래로 뒤집혀 보이는 거야.)"

# 거울은 빛을 '같은 각도'로 반사한다

 우리는 다시 작아져서 이모가 만든 도르래 엘리베이터를 타고 세면대에서 화장실 바닥으로 내려왔다. 그런데 바닥이 온통 거울이었다. 어라? 세면대 앞에 붙어 있던 거울이 언제 여기로 내려온 거지? 거울 위를 걸어봤다. 거울이 너무 매끈해서 미끄러웠다. 그럼 스케이트를 타볼까 싶었는데, 거울이 발아래에서 내 모습을 반사하고 있어서 어지러웠다. 거울 위에서는 스케이트를 탈 수 없겠다는 생각이 들었다.

 나와 지호는 거울에서 내려왔다. 이모는 욕조로 가더니 우리에게 손을 흔들었고 우산을 꺼내 들었다. 다시 샤워기에서 물

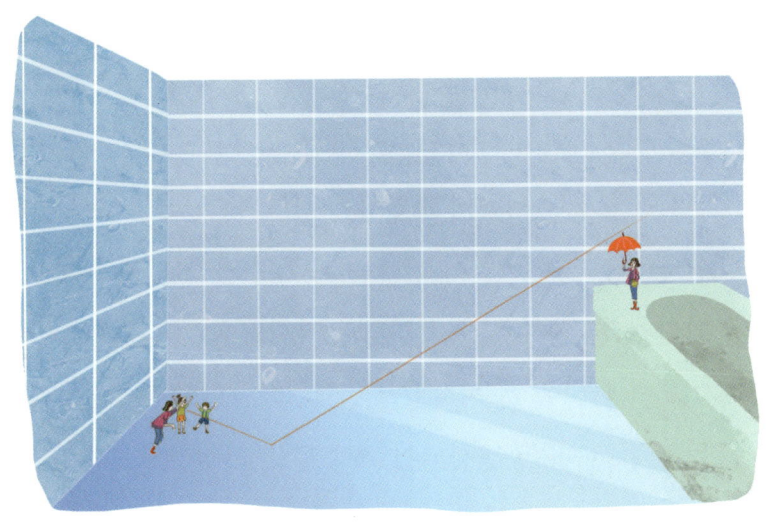

이 쏟아질까 봐 무서워서 쓴 줄 알았는데 그게 아니었다. 우리에게 이모 모습이 더 잘 보이라는 뜻에서였다. 우리 사이에 놓인 호수같이 큰 거울에 이모가 비쳤다. 이모가 높이 든 우산이 우리 쪽에 더 가까이 보였다. 이모가 그곳에서 크게 말했다.

"얘들아, 이제 알겠지?"

이모 말이 메아리가 되어 여러 번 들렸다. 우리가 손을 흔들어주었다.

이모는 어느새 우리 곁에 와서 주머니에서 붉은 레이저 빛이 나오는 포인터를 꺼내 거울에 비추었다. 조금 전에 이모가 비치던 자리였다. 욕조 위에 이모가 놓고 온 우산에 빨간 레이저 빛이 보였다. 이것이 바로 반사다! 교실에서 햇빛이 들어올 때 거울이나 시계로 햇빛을 반사해 장난쳤던 게 기억났다.

우리는 이동하면서 레이저 빛이 거울의 어느 곳에서 반사되어, 벽의 어느 곳에 닿는지 보았다. 이모는 포인터를 벽에 붙여서 빛을 쐈다. 벽과 바닥이 만나는 지점에 거울을 놓고 레이저 빛을 반사했다. 빨간 점을 찾기가 생각처럼 쉽지 않았다. 종이를 대어보며 불빛을 겨우 찾았다. 그리고 출발한 지점과, 거울에 닿는 지점, 그리고 반사되어 벽에 닿는 지점까지 총 세 군데를 이어서 선을 그렸다. 우리 셋은 땀까지 뻘뻘 흘리며 열심히 했다. 힘들었지만 정말 재미있어서 나도 놀랐다.

레이저 포인터가 떨릴 때도 있고, 거울에 반사된 지점을 찾기도 어렵고, 무엇보다도 우리가 너무 작아서 선을 긋기도 어려웠지만 우리는 멈추지 않았다. 테이프도 활용하고 자세를 바꾸거나, 자리를 옮겨가며 했다. 벽에 선을 그을 때 매번 색깔을 다르게 했더니, 화장실 벽은 빨간색, 파란색, 초록색, 주황색 직선들이 그려졌다. 모든 선을 다 그린 후, 이모는 주머니에서 각도기를 꺼내 나와 지호에게 나눠주었다. 우리는 다시 거울 위로 가서, 빛이 거울에 비추었다가 나가는 지점에서 들어오는 지점에 섰다.

"자, 여기의 각도를 재자."

우리는 각도를 쟀다. 각도기 보는 법은 쉬웠다. 먼저 바닥에서 레이저 빛이 거울로 들어오는 직선을 각도기에 대고 쟀다. 그런 다음 같은 색깔의 직선이 거울에서 나갈 때 바닥과 얼마나 벌어졌는지 각도기로 쟀다.

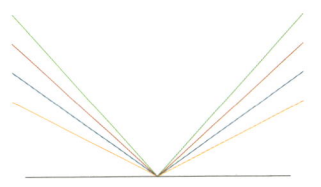
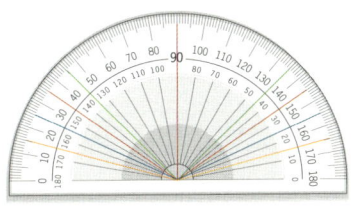

우리는 각도를 잰 것을 공책에 줄을 잘 맞추어 썼다. 나는 주황색과 초록색을 쟀고 지호가 파란색과 빨간색을 쟀다. 잰 것을 공책에 썼다. 바로 이것이다.

- 주황색 직선 : 들어오는 직선이 거울 바닥과 15°, 나가는 직선이 거울 바닥과 14.5°

- 파란색 직선 : 들어오는 직선이 거울 바닥과 23°, 나가는 직선이 거울 바닥과 25°

- 빨간색 직선 : 들어오는 직선이 거울 바닥과 38°, 나가는 직선이 거울 바닥과 38°

- 초록색 직선 : 들어오는 직선이 거울 바닥과 46°, 나가는

## 직선이 거울 바닥과 45°

"거의 같다! 들어오는 각도랑 나가는 각도가 거의 같아!"

공책을 보고 나와 지호가 놀라고 있는데 이모는 전혀 놀라지 않았다. 나올 게 나왔다는 표정이었다.

"거의 같은 게 아니라 사실은 완벽하게 같아. 완전히 평평한 거울이면 그래. 빛이 들어오는 각도와 빛이 나가는 각도는 완전히 같다는 말이지. 그래서 주황색 직선이 빛이 들어오는 쪽에서 거울 바닥과 15°이면 거울에 반사하고 나가는 쪽에서도 거울 바닥과 15°야. 그게 옳아. 파란색 직선이 들어오는 쪽에서 23°면 나가는 쪽에서도 23°여야 해. 그래야만 해."

완벽한 거울이란 완전히 평평하게 매끄러운 것이다. 우리 거울도 꽤 괜찮지만 자세히 들여다보면 완벽하지 않다고 한다. 게다가 우리가 점을 찍을 때, 직선을 그을 때, 각도를 잴 때 각각 조금씩 실수를 해서 완벽히 일치하지는 않았다고 했다.

각도 이야기가 나오니까 비눗방울을 배울 때 놀랐던 각도 120°가 생각났다. 120°로 빛을 반사하면 신기한 일이 벌어질 것 같다는 생각이 들었다. 그러나 120°로 빛을 반사한다는 게 무슨 말일까? 생각에 잠겨 있는데 이모가 다른 이야기로 넘어갔다.

# 거울로 '불'을 지르자

또 아르키메데스 님 이야기였다. 처음에는 아무리 이모가 아르키메데스 님을 짝사랑해도 그렇지, 너무하다고 느꼈다. 그런데 지금은 아니다. 처음에는 이름이 너무 길어서 외우기가 쉽지 않았는데 이제는 여러 번 들어서 잘 말할 수 있다.

이모가 말하길, 아르키메데스 님이 살던 나라는 작은 섬나라였다고 한다. 그 나라는 작지만 중요한 자리에 있어서 큰 나라에서 자주 쳐들어왔다. 아르키메데스는 수학을 잘 알았기 때문에 평소에도 발명을 많이 했지만, 적군이 침입하자 더욱더 나라를 열심히 도왔다. 그중 하나가 당시 세상 어디에도 없던 무기를 만드는 것이었고, 그것엔 거울로 만든 무기도 있었다. 이것은 우리가 조금 전에 본 거울의 성질로 만들어진 것이었다.

바닷가에 커다란 거울을 많이 세운다. 햇빛이 들어오는 각도와 나가는 각도가 같으니 그 성질을 이용한다. 바다에 적군의 배가 나타나면 모든 거울이 그 배를 향해 햇빛이 반사되도록 각도를 조정한다.

원리는 간단했다. 거울이 하나일 때는 배를 태울 수 없지만 거울이 크고 아주 많으면 많은 햇빛을 모아서 불태울 수 있다.

아르키메데스의 거울 전투를 상상해서 그린 것이다. 로마 군함을 불태우는 데 사용하는 아르키메데스의 거울을 보여주는 것으로 1600년에 이탈리아 건축가 줄리오 파리지가 그렸다.

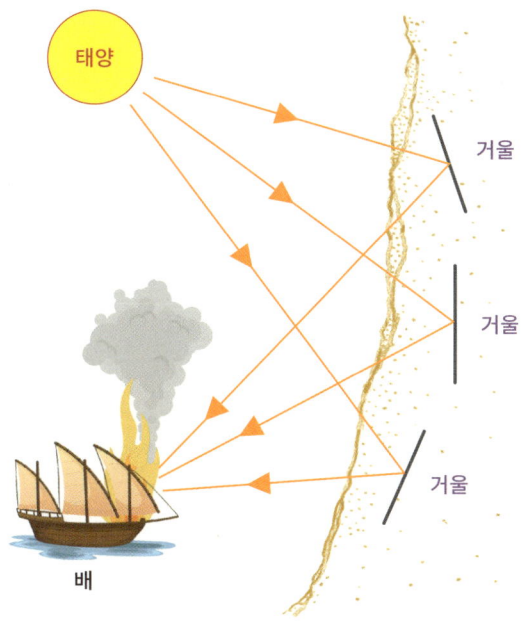

 "이 이야기가 이상하게 느껴지기도 하지? 믿기도 어렵고 말이야. 아르키메데스 님이 살던 시대에는 지금처럼 좋은 거울이 없었어. 쇠를 문질러서 썼으니까. 그것으로 과연 배를 태울 만큼 빛을 잘 반사할 수 있었을까? 몇 년 전에 어떤 사람들이 이 이야기가 정말로 가능한지 확인하려고 거울을 많이 설치해서 멀리 있는 나무가 타는지 실험했다고 해. 어떤 사람은 성공하고 어떤 사람은 실패했어. 지금처럼 좋은 거울로 했는데도 말이야. 게다가 나무는 가만히 서 있잖니. 그래서 더 믿을 수 없었지. 적군이 '제 배를 마음껏 태워 주세요'라며 배를 바다에 가만히 세워두지 않았을 테니까. 적군은 열심히 움직이고, 빛이 닿는 곳에 물을 뿌리기도 했겠지. 아르키메데스 님의 반대편에 서고 싶지 않지만, 혹시 내가 적군의 장수였다면 나는 오는 빛을 반사하는 거울을 배에 세워 놓았을 것 같아. 그래서 이건 아마 지어낸 이야기일 거야. 하지만 거울로 불태우는 이야기가 나왔으니 내가 뭐 하나 보여줄게."

화장실 바깥의 햇빛이 잘 드는 곳으로 갔다. 이모는 주머니에서 돋보기와 종이를 꺼냈다. 손바닥만 한 돋보기였는데도 햇빛이 통과하자 종이에 빛이 모이더니 불이 붙었다. 정말 좋은 돋보기를 쓰면 더 빨리 불이 붙는다고 했다. 정말 좋은 돋보기가 뭐냐고 지호가 물었고 이모는 멈칫하다가 곧 말했다.

"이 볼록한 면이 아주 매끈해야 하고 볼록한 정도가 아주 적당해야 해. 수학을 잘 알면 얼마나 볼록하게 해야 할지 알 수 있어."

이모는 주머니에서 이상하게 생긴 돋보기들을 꺼냈다. 너무 볼록한 것, 편평한 것, 오목한 것도 있고 렌즈가 울퉁불퉁한 것도 있었다. 전부 불이 빨리 붙지 않았다. 그다음 이모는 아주 '잘생긴' 돋보기를 꺼냈다. 매끈하고 잘 만들어진 것 같은 느낌이었다. 그 돋보기가 햇빛을 받자 하얀 점이 아주 작고 또렷하게 종이에 생겼고, 몇 초 만에 그 하얀 점이 까맣게 변해서 연기가 나더니 불이 붙었다. 정말 잠깐이었다. 이모는 자칫 잘못하면 불이 나니까 조심해야 한다고 했다. 햇빛은 좋기만 한 줄 알았는데 이렇게 작은 돋보기만 갖고도 위험할 수 있다니 새삼 햇빛이 무서웠다.

이모는 주머니에서 이상하게 생긴 거울도 꺼냈다. 넓적한 옛날 그릇 같았다. 다만 엄청나게 컸다. 우리가 만져보려고 하자 이모는 위험하다면서 햇빛이 없는 곳으로 가져갔다. 그늘 밑에서 이상한 거울을 만져보았다. 그릇 모양의 안쪽은 은박지를 발라 거울같이 매끈했다. 이모는 까만 선글라스를 쓰고 손에 장갑을 꼈다. 왜인지 궁금했는데 그 그릇을 햇빛이 비추는 곳에 가져와 놓자 당장 무서운 일이 일어났다. 그 그릇에서 조금 떨어진 곳에 빛이 모이더니, 그 지점에 종이를 놓자 눈 깜짝할 사이에 타기 시작한 것이다. 종이는 금방 타 버렸고 나무 몽둥이를 두었더니 거기에도 금세 연기가 피어올랐다. 조금 뒤 불도 붙었다. 연기가 나자 빛이 한 점에 모이는 것이 잘 보였다.

　다시 햇빛이 비치지 않은 쪽으로 와서 이모는 굽은 거울의 안쪽을 가리켰다.

　"이 굽은 거울은 아르키메데스 님의 나라 사람들이 평면거울을 해안가에 둘렀던 것으로 생각하면 돼. 이 둘레를 따라서 엄청 작은 사람들이 많이 모여서, 모두 거울을 들고 있다고 상상해봐. 작디작은 거울들이지만 한 점으로 빛을 쏘도록 만들어졌다면 어떻겠니? 아르키메데스 님의 나라 사람들은 한 줄로 빙 둘러서기만 해서 배를 태웠다는데 이건 한 줄이 아니라 그릇 안 전체가 전부 거울 역할을 하잖아. 그래서 햇빛이 더 많이 모이고, 그래서 빛이 모이는 점은 엄청나게 뜨거워. 눈 깜짝할 사이에 불이 붙어."

　아주 옛날부터 그런 식으로 사람들이 불을 붙였고 지금도 올림픽 성화는 같은 방식을 쓴다고 한다.

"올림픽이 열릴 때 첫날에 성화를 붙이잖아. 그건 아주 멀리서 붙인 불을 올림픽이 열리는 나라까지 옮겨온 것이거든. 올림픽을 처음으로 시작했던 그리스에서 불을 가져오지. 그런데 그 불을 처음 붙일 때는 지금도 이 거울을 쓴단다."

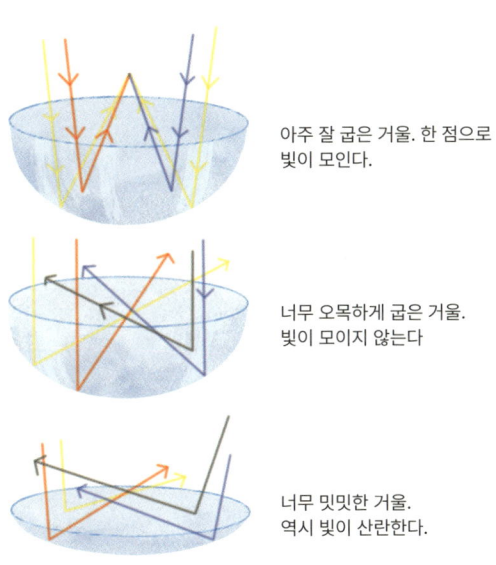

아주 잘 굽은 거울. 한 점으로 빛이 모인다.

너무 오목하게 굽은 거울. 빛이 모이지 않는다

너무 밋밋한 거울. 역시 빛이 산란한다.

이모는 또 다른 그릇 모양의 거울도 가져왔지만 그건 한 점으로 빛이 모이지 않았다. 이모는 말했다.

"이 거울은 햇빛이 한 점으로 모이는데, 다른 거울들은 그렇지 않아. 그건 무슨 뜻이겠니?"

이모는 질문하고는 숨만 한번 쉬고 바로 대답했다. 중요한 내용을 말하는 것처럼 느리게 속삭였다.

"이 위험한 거울은 빛이 한 점으로 모이도록 '아주 잘 굽었다'는 말이겠지."

특히 '아주 잘 굽었다'라고 말할 땐 더 느리고 낮은 목소리로, 그렇지만 또박또박하게 말했다.

"그런데 이렇게 잘 굽은 거울은 어떤 모양일까?"

이모는 똑바로 서서 손을 쭉 뻗고 뭔가를 가리키며 답했다.

"바로 저거야!"

이모가 가리킨 곳에는 샤워기가 보였다! 이모가 손짓하자 갑자기 샤워기에서 물이 쏟아졌다. 물은 뻗어가다가 결국 욕조에 떨어졌다. 그 모양이 뭐라고 했었지…? 벌써 잊어버린 나를 보고 이모가 설명하기 시작했다.

"저 물의 모양은 포물선을 그린다고 했지?(1권 103쪽) 분수에서 올라오는 물도, 야구공도, 대포도, 다 저 곡선 모양으로 움직인다고 했고. 그렇게 그려진 곡선은 '포물선'이라는 이름이 있다고 했어. 이름이 있는 것은 중요하다고 했고. 자, 여기를 봐."

이모는 주머니에서 막대 하나를 꺼내고 거기에 휜 막대를 붙였다. 그러더니 그 휜 막대를 힘껏 돌렸다. 휜 막대는 고정된 막대 주위를 빠르게 돌았다. 우산처럼 생긴 모양이 보였다. 이모도, 지호도, 나도 그걸 직접 여러 번 돌려보았다.

"이 휜 막대는 포물선으로 만든 거야. 샤워기에서 떨어지는 물의 모양이랑 닮았어. 진짜 포물선이 되도록 막대를 휘게 해야 해서 내가 고생 좀 했지. 계산도 하고 조심스럽게 만들었거든. 정확한 포물선에 최대한 가까운 모양이어야 하니까. 포물선 막대가 축을 따라 빠르게 회전하면서 만들어지는 모양 있지? 그게 바로 '아주 잘 굽은' 거울 모양과 같아."

세상에! 나는 무척 놀랐다. 샤워기 물과 불 지르는 거울이 서로 통하다니? 나도 모르게 말이 나왔다.

"어떻게 그럴 수 있어요?"

선글라스를 벗으면서 이모는 내 눈을 맞추며 따뜻한 미소를 지었다.

"우리의 눈으로 보면 다른 것 같지만 수학의 눈으로 보면 같아. 그래서 그런 거야."

포물선이 회전해서 나온 입체의 이름이 무엇일 것 같냐고 우리에게 물었다. 한두 번 틀렸지만 곧 맞출 수 있었다. 바로 '포물-회전-체'다. 이모는 바깥에 있는 접시 모양의 안테나를 가리켰다. 텔레비전을 보게 해주는 수신 안테나 말이다. 그것도 포물회전체라고 한다. 햇빛이 한 점에 모여 엄청나게 뜨거웠듯이 멀리서 온 전파 신호들도 저 안테나 가운데의 점에 모인다고 했다. 같은 모양으로 크기가 무척 큰 것도 있는데, 그런 것은 우주를 연구할 때 쓴다고 했다.

이모는 주머니에서 손전등도 하나 꺼냈다. 스위치를 켜자 거기서 나온 빛이 길게 뻗어갔다. 낮에는 몰랐지만, 밤에 손전등 불빛을 보니 정말로 길게 뻗는 것을 알 수 있었다. 그런가 하면 포물회전체를 써서 소리를 모으는 장치도 있다면서 휴대폰에서 사진을 찾아 보여주었다. 그러고는 혼잣말을 했다.

"빛이든 전파든 소리든, 수학의 눈으로 보면 같으니까….”

왼쪽 _ 독일에 있는 대형 위성 통신 안테나 ⓒRichard Bartz
오른쪽 _ 가정에서 텔레비전 등을 볼 때 쓰는 안테나
모두 포물회전체 모양이다.

# 거울로 '벽의 높이'를 재보자

거울의 힘은 막강했다. 빛을 한곳에 모아 불을 지를 힘뿐만 아니라 다른 힘도 있다고 했다. 그 힘도 꽤 대단하다며 이모는 주먹을 불끈 쥐었다.

"거울로 태양이 얼마나 멀리 있는지 알아내겠다."

에이, 말도 안 된다. 그런데 소냐 이모가 말했으니 말이 될지도 몰라! 그래서 잠자코 기다렸다. 이모가 한마디 덧붙였다.

"좀 과장해서 말하면 그렇다는 거지. 하하!"

이모는 웃음을 거두고 진지하게 말했다.

"우리 아까 말했던 빛과 거울의 성질 기억하니? 빛이 거울에 닿으면 어떻게 되지?"

지호가 잽싸게 답했다.

"각이 같아요."

나는 지호를 흘겨보며 말했다.

"빛이 들어오는 각도와 빛이 나가는 각도는 완전히 같아요."

지호도 짜증을 내며 나를 흘겨보았다. 나는 이모 몰래 지호를 보고 혀를 날름했다.

"빛이 들어오는 쪽에서의 거울 바닥과 빛의 각도가, 빛이 나가는 쪽에서의 거울 바닥과 빛의 각도와 같다."

이모가 말했다. 설명이 어려워서 이모의 말이 잘 이해되지 않았다.

"이건 너희에게 좀 어려울지도 모르겠다. 그래도 한번 말해 볼게. 가벼운 마음으로 들어봐."

이모는 말을 하는 대신 변기 위로 올라갔다. 이모는 레이저 빛을 거울에 쐈다. 빛이 거울에 부딪히고 반사해서 천장과 벽이 만나는 구석에 닿았다. 이모는 나에게 빛이 거울의 어디에 부딪히는지 정확히 표시해 달라고 했다. 말은 쉬운데 실제로 해보니 절대로 쉽지 않았다. 종이를 대보면서 한참 헤맨 후에 겨우 그 지점을 표시했다. 이모가 레이저 포인터를 쏘는 것도 쉽지 않았다. 해보면 알겠지만 손이 계속 떨린다. 그래서 정확하게 천장과 구석이 만나는 지점에 빨간빛이 닿게 하는 게 잘 안 되었다. 이모는 주머니에서 뭔가를 꺼내서 고정하려는 것 같았다. 그러는 동안 지호 녀석은 우산을 들고 욕조에 올라갔다 내려오며 내 주변에서 장난을 쳐서 오히려 방해만 되었다. 나는 무엇을 하는지 모르면서 이모를 열심히 도왔다.

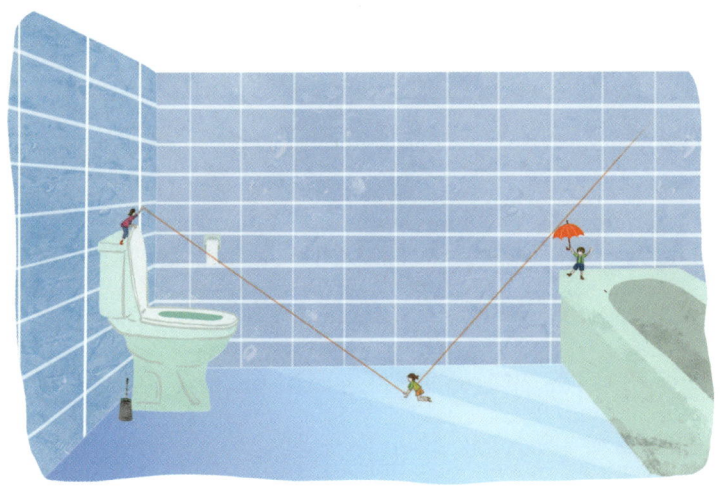

끝났다. 나는 반사 지점을 정확하게 표시했다. 이모도 레이저 포인터를 벽에 고정했다. 그리고 포인터에서 바닥까지 실을 쭉 늘였다. 그러고는 변기에서 내려왔다. 우리는 모였다. 이모는 그림을 그렸다.

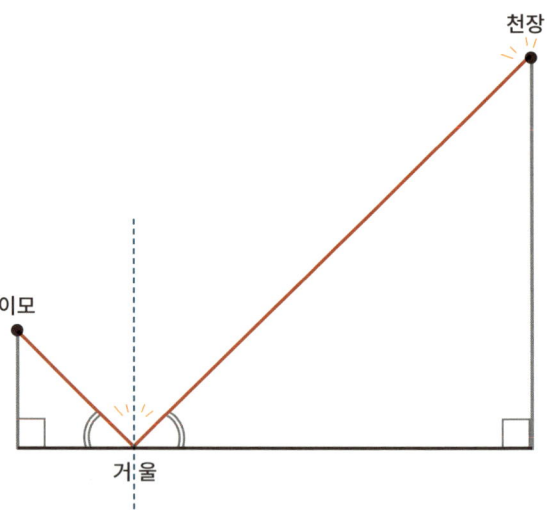

　우리가 한 것을 간단히 그리면 이렇게 된다. 빛이 들어오는 각과 나가는 각은 같다. 그래서 내가 표시한 곳에서의 두 각이 같다. 이모는 직각으로 섰고 벽도 직각으로 섰으니까 그쪽 각들도 같다. 그래서 왼쪽 삼각형과 오른쪽 삼각형은 모양이 같다.
　이모가 가져온 실의 길이를 쟀다. 길이가 50㎝였다. 그다음 이모는 변기에서 내가 표시한 지점까지 길이를 쟀다. 그것도 50㎝였다. 화장실 수학 탐험을 시작할 때 우리가 잰 화장실 길이는 270㎝이었다. 그러니까 거울 표시 지점에서 벽까지는 270−50, 즉 220㎝다. 여기까지는 자로 재면 되니까 어렵지 않았다. 그런데 갑자기 이모는 수식을 썼다.

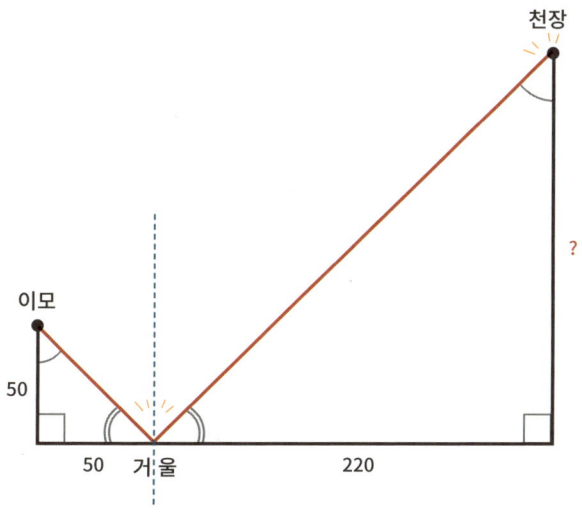

50:50 = 벽의 높이:220

이럴 수가. 또 비례식이야? 이게 어디서 뚝 떨어졌지?

이모는 손가락으로 가리키며 말했다.

처음 50㎝는 이모가 선 곳에서 바닥까지 높이이다.

그다음 50㎝는 변기부터 거울 표시 지점까지 거리이다.

그리고 220㎝는 거울 표시 지점부터 벽까지 거리이다.

높이는 화장실의 높이이다.

이모는 그림에 숫자를 쓰고 그 식을 손으로 가리켰다.

50:50 = 벽의 높이:220

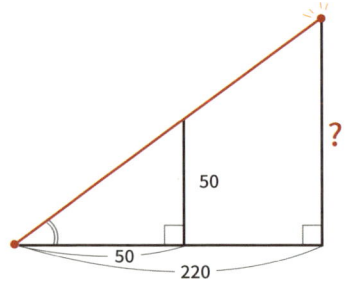

그리고 왼쪽 삼각형을 뒤집어서 오른쪽 삼각형 위로 올렸다. 그랬더니 겹쳐졌다! 어떻게 이렇게 되지?

이모는 두 삼각형의 모양이 닮았기 때문이라고 했다.

"겹친 두 삼각형은 세 각이 모두 같아. 그.러.니.까. 작은 삼각형과 큰 삼각형은 모양이 같아. 닮은 거지. 그.런.데. 작은 삼각형의 밑변과 높이가 같아. 그.러.니.까. 큰 삼각형도 밑변과 높이가 같아야 해. 그.런.데. 큰 삼각형의 밑변이 220cm야. 따.라.서. 큰 삼각형의 높이는 220cm여야 해."

이모는 그러니까, 그런데, 따라서 라는 낱말을 말할 때 지휘하듯이 손을 저었다. 나도 모르게 탄성이 나왔다.

우리는 계속했다. 화장실의 높이는 타일 15개의 높이였다. 타일 하나가 15cm였으니 225cm이다. 그것이 더 정확하다. 그런데 지금은 220cm이다. 약간 다르다. 이유는 뭘까? 지금 높이를 구한 방식은 직접 잰 게 아니다. 찾고 싶었던 그 높이의 주위 상황을 천천히 알아내서 추리한 것과 가깝다. 그런데 이모가 레이저 포인터를 들 때 손이 떨렸고, 거울에 반사하는 지점을 내가 정확하게 잡기도 어려웠고, 거울이 완벽하게 매끈한 것도 아니었고…. 여러 문제 때문에 조금 틀린 거라고 했다.

"타일의 개수를 세고 곱해서 찾은 값은 225cm였는데 우리가 다른 방식으로 해서 그것과 비슷한 값인 220cm를 찾아냈어. 물론 곱셈으로 한 게 정확하겠지만 대단하지 않아? 비슷하게라도 찾은 것이! 그것도 이렇게 간단히 말이야."

나는 어이가 없었다. 내 머리는 뒤죽박죽이었다. 이모는 '이렇게 간단히'라고 말했지만 뭐가 간단한지 모르겠다. 그냥 재면 되지, 아니면 우리가 했던 것처럼 타일 개수를 세면 될 텐데. 내 생각엔 이게 훨씬 복잡한 것 같은데….

지호는 열심히 이모의 얼굴을 보고 있었다. 하지만 표정에는 전혀 모른다는 것이 고스란히 드러나 있었다. 이모는 지호의 얼굴을 보고 웃으며 볼을 쓰다듬었다.

"미안하다. 너무 어려웠구나? 괜찮아. 나중에 이 이야기를 다시 들으면 한결 쉽게 들릴 거야. 바람이 지나갔다고 생각해."

# 거울로 '나무의 높이'를 재보자

 머릿속이 뒤죽박죽이지만 새롭게 알게 된 것이 있었고, 또 아직 잘 이해가 안 가는 것도 있었다. 거울 이야기를 더 하고 싶었다. 이모에게 물었다.

 "이모, 아까 거울은 힘이 있다고 하지 않았어요? 태양까지 거리를 잰다면서요? 그게 무슨 말이에요?"

 이모는 내 볼을 톡톡 쳤다.

 "거울만 힘이 있는 게 아니네. 우리 수아도 아주 좋은 힘을 가지고 있는걸? 끈기! 호기심! 좋았어. 아주 짧게 말해 볼 테니까 가볍게 들어봐. 자, 바람이 또 한 자락 지나간다."

이모는 아까 그림을 조금 바꾸었다.

"이렇게 되었다고 해보자. 벽 대신 큰 나무가 있어. 아까 우리는 화장실이니까 벽의 높이를 쉽게 잴 수 있었어. 그런데 나무가 엄청 크다면 높이를 재는 건 무척 어렵겠지. 이럴 때 이 사람은 자신의 키와 거울까지의 거리, 그리고 거울부터 나무까지의 거리를 활용해서 나무의 높이를 잴 수 있겠지?"

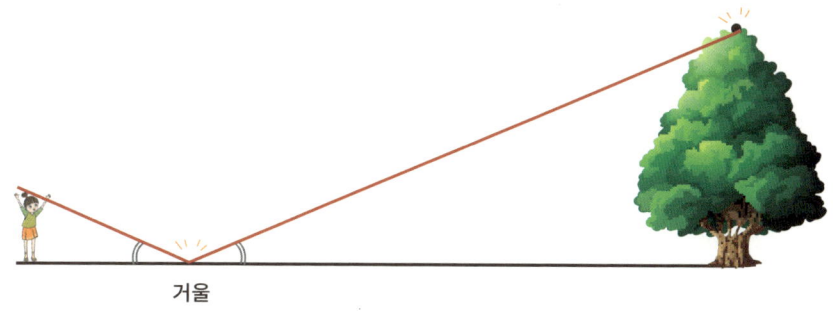

거울

**사람의 키 : 거울에서 사람까지의 거리**
**= 나무의 높이 : 거울에서 나무까지의 거리**

"우리는 키와 두 거리의 값을 알고 있으니까 나무의 높이도 알 수 있어. 안쪽에 있는 두 수를 곱한 것은 바깥쪽에 있는 두 수를 곱한 것과 같으니까."

아니, 이건 어디서 많이 듣던 말인데?

이모는 그사이 또 그림을 바꾸고 이렇게 말했다.

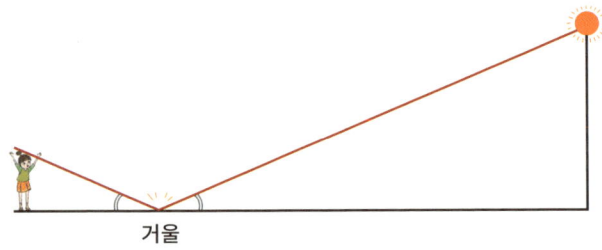

거울

"이번엔 태양까지의 높이야. 태양까지 갈 수는 없지. 그 높이를 잴 수 있는 자도 없고, 태양까지 가서 실을 내릴 수도 없어. 그런데 봐! 우리는 태양까지 높이를 잴 수 있어. 이번에도 사람의 키와, 두 거리의 값을 알면 돼. 그럼 태양까지 높이를 알 수 있지. 사람의 키와 각각의 거리는 태양까지 가지 않고 지구에서도 알 수 있어. 햇빛이 땅에 직각으로 떨어지는 곳까지 가서 재면 되니까. 물론 쉽지는 않아. 그래도 태양까지의 거리는 잴 수는 있어. 땅에서 재는 것이니까. 태양은 하늘에 있잖아. 아주 뜨겁고. 가서 잴 수가 없지. 어려운 게 아니라 불가능해. 그러나 거울과 수학이 있으면 가능해. (태양까지의 높이를 잴 수 있다고!) 이게 내가 말하고 싶었던 거야. 나는 이걸 '거울의 힘', 아니 '수학의 힘'이라고 부르지."

그때 나는 몇 초쯤 움직일 수 없었다. 내 몸이 왜 멈췄는지, 그때 내 마음은 어땠는지, 지금 이 글을 읽는 친구들은 이해할 수 있을지 궁금하다. 또 친구들의 마음도 궁금하다.

# 두루마리 휴지

# 돌돌 말린 휴지는
# 나선 그 자체

　우리는 토마아드. 화장실에서 신나게 수학을 탐험했다. 그런데 오늘은 기분이 좀 이상하다. 어쩐지 화장실 수학 탐험이 끝나가는 것 같다. 오늘도 우리는 작아지는 약을 먹고 화장실로 들어와 주위를 둘러보았다. 처음에는 수학이 하나도 없어 보였는데 지금은 전부 수학으로 보인다. 그래도 그동안의 탐험 덕분에 거의 다 본 것 같다. 문, 세면대, 거울, 수도꼭지, 욕조, 물비누, 샤워기, 환풍기…. 어라? 아니네! 칫솔, 수건, 전등 등 아직 자세히 살펴보지 못한 것들도 많이 남았다. 하나하나가 모두 비밀을 담고 있는 것 같다. 설마 저것들을 다 보는 건 아니겠지.

꼭 보고 말겠다는 각오를 다지게 만드는 것도 있었다. 바로 변기다. 화장실에 변기가 없으면 안 되니까. 아마 오늘은 변기를 탐험하는 날일 것 같다. 내가 틀릴 리가 없어. 이런 생각을 하며 이모의 말을 기다렸다. 이모는 두 손을 허리에 얹은 다음 목소리를 깔고 연설하듯 말을 시작했다.

"오늘도 화장실 수학 탐험에 함께해준 수아 님, 지호 님 감사합니다."

일장 연설이 될 것 같은 불안한 예감이 들었다. 그래서 내가 말을 끊었다.

"오늘은 변기 수학을 할 거죠?"

이모는 놀란 듯 나를 보더니 답했다.

"어떻게 알았어?"

역시 내 생각이 맞아.

"맞아, 근데 정확하게 말하면 변기는 아니고, 변기와 단짝인 걸 볼 거야. 화장실에 없으면 안 되는 것. 아주 부드러운 것."

뭘까? 나와 지호는 주위를 더 둘러보았다. 우리가 작아져서 모든 게 너무 크고 너무 멀리 있었다.

"이건 화장실을 대표하는 물건이야. 이게 없다면 화장실이라고 할 수 없지. 그것이 뭐냐고? 그것은 바로! 두루마리 휴지!"

휴지는 화장실을 대표한다. 별것 아닌 것 같지만 화장실에 휴지가 없으면 큰일이 난다. 지호가 말을 쏟아내기 시작했다.

"맞아요! 저도 옛날에 화장실에 갔는데, 그때 휴지가 없어서…."

"조용히 해! 지금 우린 수학 이야기를 하는 거라고."

내가 톡 쏘아붙이자 지호도 되받아쳤다.

"흥! 말도 못 해?"

나는 지호를 무시하고 이모에게 물었다.

"두루마리 휴지에도 수학이 있다고요? 휴지일 뿐인데."

"수학은 어디에나 있지. 휴지에도 있어."

이모는 그렇게 말하더니 휴지와 비슷한 것들을 말하기 시작했다. 두루마리 휴지처럼 둘둘 말린 것은 참 많다. 스카치테이프, 말린 커튼, 말린 도화지, 말린 밧줄, 둘둘 말아서 싼 김밥, 말린 이불과 수건…. 직선의 형태로 있던 것이 원으로 바뀌려면 그렇게 빙글빙글 말려야 한다. 이 모든 것들이 나선의 일종이다. 그때 내가 나섰다.

"휴지를 잘 알면 그와 비슷한 것들을 모두 잘 알게 된다!"

# 두루마리 휴지, '직선운동'과 '원운동'

"너희 우선 아래로 내려갈래? 휴지를 잡고 내려가는 거야. 꼭 붙들어."

어떻게 된 일인지 우리는 휴지 위에 있었다. 언제 이곳으로 왔지? 물을 새도 없이 이모는 우리 몸을 휴지에 붙이면서 말했다. 휴지가 풀리면서 우리는 바닥에 도착했다. 내려와서 올려다보니 휴지가 우리 위에 길게 늘여져 있다. 휴지 위에 있던 이모는 헬멧을 쓰고, 밧줄을 설치하고, 바쁘게 움직였다. 잠시 후 이상한 소리가 났다. 밧줄을 타고 휴지가 내려왔다. 휴지를 끼우는 틀까지 통째로 내려왔다. 어느새 이모도 내려와 헬멧을

풀었고, 밧줄과 도구를 주머니에 챙겨 넣었다.

어떻게 이 큰 걸 혼자 다 내렸는지 궁금했다. 이모는 도르래 원리를 이용했다고 한다. 마치 지렛대 원리처럼, 힘은 적게 들이면서 무거운 것을 내리는 방법이라고 했다.

우리 셋은 서로 도우며 휴지를 휴지 틀에서 빼냈다. 휴지의 가운데 있던 막대의 양쪽 끝을 누르니 쏙 들어갔다. 그런 다음 거기서 휴지를 밀었더니 빠졌다. 손을 떼자 그 막대의 길이는 다시 길어졌다. 지호는 그 막대를 스카이콩콩처럼 타고 뛰어다녔다.

"스프링이야, 스프링."

지호가 소리치자 이모가 웃었다.

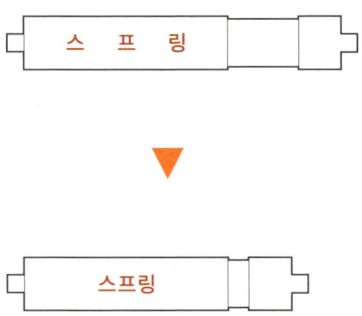

맞다. 생각난다. 누르면 들어갔다가, 놓으면 제자리로 돌아오는 것. 나선 모양의 쇠, 용수철 또는 스프링. 그래 그거다.

또 생각났다. 그 막대는 축이다. 정확하게 말해 회전축이다. 문도 회전축을 따라 돌고 환풍기도 회전축을 따라 돌고 포물 회전체도 회전축을 따라 돈다. 우리가 휴지를 직선으로 당기면 그건 원 모양으로 돈다.

"원운동을 하면서 직선운동을 한다."

그 말이 생각나서 그렇게 말했더니 이번에는 이모가 엄지를 척 올려 주었다. 우쭐했다. 안다는 건 재미있군!

# 두루마리 휴지는 원기둥, 동전도 원기둥

이모는 두루마리 휴지를 2개 세웠다. 하나는 다 쓴 것이라 심만 남아 있었고 하나는 새것이었다. 2개를 나란히 두고 이모는 질문을 던졌다.

"지금까지 수학 탐험을 많이 했으니 우리 수아와 지호, 수학의 눈이 얼마나 커졌는지 볼까?"

"뭐든 물어보세요. 다 맞출 거예요."

지호가 답했다. 지호는 질문이라면 무조건 좋아한다. 대답은 자기 마음대로지만 말이다. 지호의 머리를 쓰다듬고 이모가 물었다.

"여기 휴지를 봐. 하나는 뚱뚱하고 하나는 다 써서 홀쭉해. 그렇지만 어떻게 보면 둘 다 같은 모양이라고 할 수 있지. 어떻게 둘은 같은 모양이 되는 걸까?"

우리는 천천히 둘러보았다. 하나는 아주 큰 나무토막 같고 하나는 조금 큰 나무토막 같다. 만져 보기도 했다. 위에서도 보고 아래에서도 봤다. 갑자기 지호가 소리를 쳤다.

"원이에요, 원! 학교에서 얼마 전에 배웠어요. 동그란 모양이잖아요."

지호는 휴지심을 넘어뜨려 중앙의 동그란 구멍을 가리켰다. 그 구멍 안으로 들어간 지호는 반대쪽으로 가로질러 나오며 "여기도 원, 저기도 원"이라고 중얼거렸다.

이럴 때 보면 지호 저 녀석은 날 닮아서 꽤 똑똑하다. 나도 얼마 전에 학교에서 배웠다. 왜 생각이 안 났을까? 아까 이모가 '원운동'이라는 말도 했었는데. 진심으로 지호에게 손뼉을 쳐 줬다.

"지호 대단한데? 맞아. 위도 아래도 원이야. 아래 원과 위의 원이 크기도 같지. 같은 두 원이 마주 보고 똑바로 서 있는데 이런 걸 원기둥이라고 해. 기둥은 기둥인데 위와 아래가 같은 원으로 된 기둥일 때 수학에서는 원기둥이라고 하거든."

그렇게 말하면서 이모는 또박또박 끊어서 다시 말했다.

"원.기.둥."

"원.기.둥! 원.기.둥!"

지호가 따라 했다. 나도 함께했다. 마지막 '둥'을 외칠 때 소리를 크게 냈다. 북소리가 나는 것 같다.

"원.기.둥! 원.기.둥!"

이모는 '원기둥'을 외치다 말고 말했다.

"원기둥은 우리 주위에 정말 많아. 누가 원기둥을 찾나 볼까? 휴지는 원기둥, 물비누 통은 원기둥."

"연필도 원기둥."

지호가 받았다.

"유리컵도 원기둥."

내가 이어서 했다. '둥' 자를 크게 말했다.

"수도관도 원기둥."

이모였다. 원기둥 찾기 놀이는 계속 이어졌다. 두루마리 휴지를 못 해도 세 바퀴는 더 돈 것 같다. 그러다 이모가 말했다.

"동전도 원기둥."

지호와 나는 이상하다는 것을 느꼈다. 노래가 중단되었고, 우리가 물었다.

"동전은 기둥이 아닌데?"

이모는 주머니에서 동전을 꺼내어 바닥에 내려놓았다. 동전은 납작하니까 기둥이 아니라고 우리는 강력하게 주장했다.

"납작해서 기둥이 아니라고? 납작하긴 하지. 그렇지만 여길 봐. 동전의 앞과 뒤가 있고 둘 다 원이고 게다가 크기가 같아. 같은 원 2개가 마주 보고 똑바로 서 있는 거잖아."

그래도 믿을 수 없었다. 기둥이라고 할 수는 없어. 서 있는 게 없으니까.

이모가 말했다.

"그건 너희들이 키가 크고 동전은 키가 아주 작아서 그래. 보이는 것에 속으면 안 돼. 우리가 동전보다도 더 작아진다면 동전은 아주 넓고 키가 큰 기둥처럼 보일 거야. 너희가 못 믿겠다면 우리는 당장 작아질 수도 있지!"

이모가 주머니에서 작아지는 약을 또 꺼내려고 하길래 우리가 겨우 말렸다. 지금보다 더 작아지고 싶지 않다.

"우리가 아주 작아진다면 동전이 높게 보일 수 있겠어요. 마주 보는 2개의 원이 있고 낮긴 해도 높이가 있으니까. 맞아요, 원기둥은 원기둥이네요."

세상에는 원기둥이 정말 많다. 방금 우리가 말한 것 말고도 많다. 전봇대도, 수도관도, 피리와 터널도 모두 원기둥이다.

"원기둥이 이렇게 많은지 나도 오늘에야 알았네. 찾다 보면 끝도 없겠어. 크기와 높이가 다양하고, 속이 빈 것도 있는 데다, 반대로 속이 꽉 찬 것도 있지. 각각의 원기둥이 생긴 모양은 다 다르지만, 그래도 그 모든 것의 공통점은 분명해."

위도 원 아래도 원

두 원이 같아

같고도 마주 보지

마주 보고 똑바로 섰어

기둥이 높은지 기둥이 낮은지

그건 중요하지 않아

전혀 중요하지 않아

원기둥을 둘로 잘라도 원기둥

반의 반을 잘라도 원기둥

동전을 반으로 잘라도 원기둥

둥 둥 둥

  이모는 또 우리를 잊은 모양이다. 흥이 나서 혼자 노래를 하고 춤도 췄다. 동전을 차곡차곡 쌓으면서 계속 노래했다

  이제 내가 기다리던 순간이 올 때가 다 된 것 같은데…. 아니나 다를까 이모는 노래를 멈추고 똑바로 서서 잠시 천장을 올려보며 생각하더니 검지를 하늘로 올렸다. 그러더니 흡족하게 미소를 지었다.

  이제 이모의 저 모습이 멋져 보인다. 지호도 이모가 멋있어 보이는지 이모의 손을 잡는다. 이모는 지호가 손을 잡자 깜짝 놀라서 다시 정신이 든 것 같았다. 그러고는 차분한 목소리로 말했다.

  "수학에서는 그 모든 것의 공통점만 뽑아서 원기둥이라는 이름을 준 거야. 그래서 원기둥의 성질을 알아내면 세상의 모든 원기둥에 대해서도 알게 돼. 예를 들어서 우리가 원기둥의 부

피를 구할 줄 안다고 해볼까? 부피를 안다는 건 그 모양 안에 담을 수 있는 양을 알게 되는 거지. 화장실을 상자로 채우거나, 욕조를 물로 채우는 것과 같아. 우리가 원기둥의 부피를 말할 수 있다면 컵 안에 물이 얼마나 들어가는지, 캔 안에 음료가 얼마나 들어가는지 알 수 있지."

지호도 한마디 덧붙였다.

"잼 통 안에 잼이 얼마나 들어가는지도 알 수 있어요!"

이모는 노래로 대신 대답했다.

수도로 물이 얼마나 흐르는지
전선으로 전기가 얼마나 흐르는지
피리로 공기가 얼마나 지나는지
핏줄로 피가 얼마나 흐르는지
다 알게 돼요
원기둥만 알면
원기둥 부피만 알면

# 원의 둘레로
# 휴지의 길이를 알아보자

'휴지는 가운데에 있는 원기둥에 감긴다. 그렇게 빙글빙글 도는 종이의 길이는 어떻게 알까? 설마 휴지를 길게 늘여 놓고 자로 재는 건 아니겠지? 이모는 똑똑해지기 위해서 수학을 한다고 했어. 뭔가 새로운 게 있을 것 같아.'

그때 누가 나를 봤다면 나를 이상한 사람으로 생각했을 것이다. 어정쩡한 자세로 눈은 하늘을 향한 채 멍한 표정이었다. 이모가 생각에 잠겼을 때와 비슷하다고 할 것이다. 나는 한참 골똘히 생각했다. 그러다가 말이 저절로 새어 나왔다.

"두루마리는 원이 아주 많이 있는 것과 비슷해요. 그것으로 두루마리 휴지의 길이를 알 수 있지 않아요?"

"우와! 수아가 소피아 코발렙스카야와 비슷하게 되겠는데?"

소피아 코발…? 누구더라? 아, 그분! 수학자이자 작가! 소냐 이모가 좋아하는 진짜 소냐! 설마 내가 그렇게 수학을 좋아하게 될까? 이모는 내 생각이 발전할 수 있도록 도와주었다.

"그래, 두루마리는 돌돌 말려 있어서 원이랑 닮았어. 그러니까 원의 길이를 알면 두루마리의 길이도 알 수 있겠다. 다만 작은 원부터 큰 원까지 원이 아주 많이 있으니까 그게 문제네. 뭐 어때? 하나씩 차근차근 계산하면 되지."

"나는 무슨 말인지 하나도 모르겠어."

시무룩해진 지호가 그렇게 말하더니 무슨 생각이 났는지 이모와 나를 번갈아 보면서 말을 이어갔다.

"휴지를 길게 펴서 자로 재면 되지 않아요?"

그건 너무 뻔해. 게다가 그렇게 하면 휴지가 너무 길어서 자로 재려면 불편하고. 지호에게 그렇게 반박하려다가 멈추었다. 그러면 말이 너무 길어질 것 같았고 어서 더 생각하고 싶었기 때문이다. 내가 떠올렸고 이모가 도와준 그 생각 말이다.

"그러니까 이모는 이 안에 있는 가장 작은 원부터, 바깥에 있는 가장 큰 원까지 모든 길이를 다 찾고 더하자는 말이죠?"

"그렇지."

"나도 알고 싶어." 지호가 끼어들며 말했다.

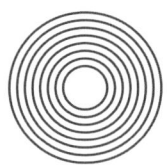

"이모 말씀은 그거야. 여기 봐. 가장 바깥은 원이야. 그 길이를 찾아. 그리고 그다음에 있는 원, 또 그다음 원의 길이도 찾는 거지. 그렇게 계속하다 보면 가장 안쪽에 있는 제일 작은 원의 길이까지 찾을 수 있을 거야. 그리고 모두 더하는 거지. 이모, 그렇죠?"

내가 그렇게 말하자 이모가 덧붙였다.

"정확하지는 않겠지만 아주 비슷할 거야."

"이게 왜 원이야?"

지호가 휴지를 풀어서 길게 늘이면서 말했다.

"조금 헷갈리겠다. 그래서 내가 반죽을 준비했어."

이모가 주머니에서 밀가루 반죽을 꺼냈다.

역시 이모는 계획이 있었던 거야. 이야기가 여기까지 올 줄 어떻게 미리 알았을까? 생각을 한다는 건 다른 사람의 생각으로 들어가는 것과 같은가?

이모는 밀가루 반죽을 떼어 길게 늘였다. 똑같은 길이로 2개 만들었다. 그중 1개를 몇 번 돌리자 금방 두루마리 모양이 되었다. 다른 반죽은 세 덩어리로 떼어서 원 모양으로 3개를 말았다. 그리고 겹겹이 둘러쌓았다.

아까 내가 생각했던 것이 바로 이거다! 그런데 지호는 여전히 이해하지 못하는 모양이다. 헷갈리는 표정으로 말끝을 흐렸다.

"아니. 이걸 얇게, 많이 하면 되는데…."

머리로는 알겠는데 어떻게 표현해야 할지 몰라 답답했다. 그런데, 눈 깜짝할 사이, 이모는 또 기묘한 마법을 부렸다. 밀가루 반죽이 국수 굵기보다 더 가늘어진 것이다.

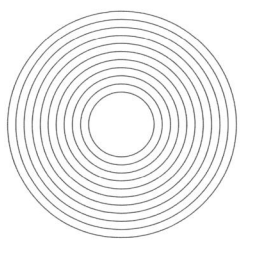 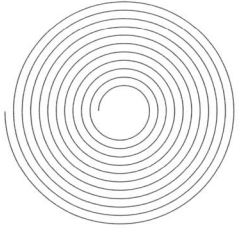

"이건 원이고, 이건 두루마리지!"

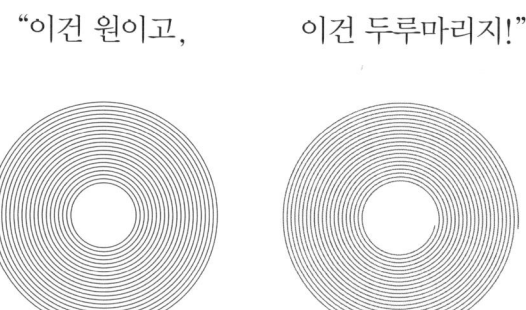

더 촘촘한 것도 봤다. 이제 더 정확히 알겠다. 우리가 찾는 두루마리의 길이와 원들의 길이를 더한 것이 비슷할 것 같다. 휴지는 두께가 엄청 얇으니까 말이다. 그렇다면 원의 길이를 알아야 한다. 그것도 아주 많이! 음….

내가 그런 생각을 하는데 손뼉 소리가 크게 나서 놀랐다. 아래를 보니 다른 건 모두 사라지고 원들이 겹쳐져 있는 것들 하나만 남아 있다.

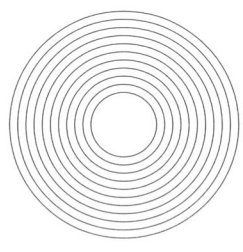

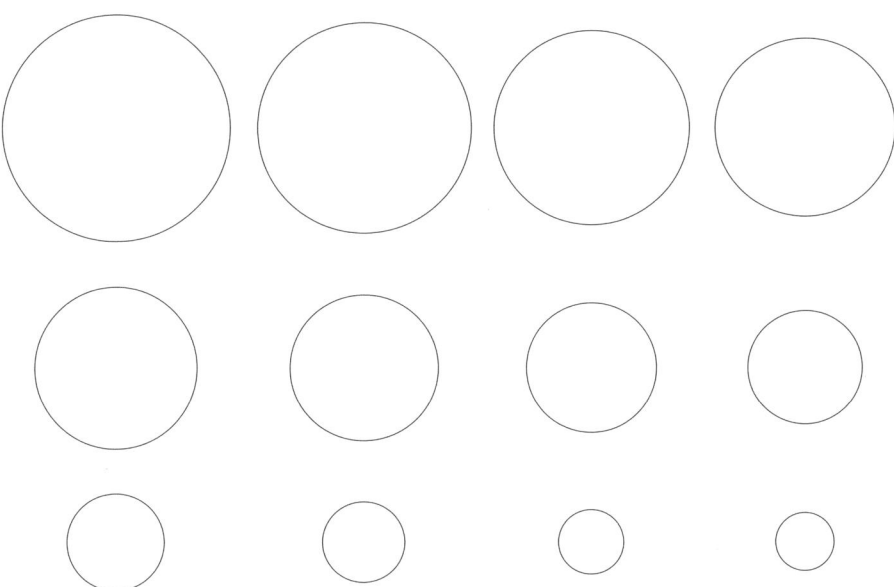

　　이모가 원을 하나씩 빼자 화장실 바닥에는 크고 작은 원들로 가득 찼다.
　　지호는 눈을 동그랗게 뜨고 난감한 표정을 지었다.
　　"이걸 어떻게 다 구해요?"
　　이모는 미안한 표정으로 답을 했다.
　　"너무 많지? 원 하나에 대해서 아는 게 어렵지 그다음은 계산만 열심히 하면 돼. 원의 둘레는 너희들이 좀 크면 그때 알게 될 거야. 하지만 이것은 지금 알아두는 게 좋겠다. 원의 둘레만 알면 원의 넓이도 알 수 있다는 것, 원기둥의 부피도 알 수 있다는 것. 그리고 그게 전부가 아니라는 것. 꼭 원이 아니라도 둥근 모양의 도형에 대해서 아주 많이 알게 된다는 것. 자, 결론. 원의 둘레를 아는 것은 정말 정말로 중요하다! 다른 건 다 잊어도, 방금 이 말은 잊지 마!"

그러더니 다시 '소냐의 자세'라고 불러도 좋은 자세를 취하며 말했다.

"원의 둘레를 아는 것은 수학의 씨앗이자 뿌리다."

그리고 빙긋 웃었다.

# 원 둘레를 알려면 반지름을 알아야 해

이모가 오늘의 수학 탐험을 거기서 끝내려고 했다. 나는 그러고 싶지 않았다.

"여기까지 와서 원의 길이를 안 구해요? 한 번이라도 해봐요. 네?"

나의 말에 이모의 눈에는 기쁨이 가득 찼다. 그러면서도 이모는 지호의 표정을 살폈다. 지호는 벌써 이 이야기에는 관심이 사라진 것 같았다. 밀가루 반죽을 가지고 노느라 정신이 없어 보였다. 이모는 좋다고 했다. 알고 싶은 것을 한꺼번에 다 알 수 없지만, 알기 위해 노력하는 건 중요하다며 말이다. 이해가 가지 않는 것이 있더라도 괜찮다고, 하는 데까지 해보자고 했다. 이모는 주머니에서 컴퍼스를 꺼내어 한 점을 찍고 컴퍼스를 돌렸다.

"원둘레의 길이가 언제 커지고, 언제 작아질까? 무엇이 원의 둘레를 결정할까? 일단 그것을 찾아보자."

나는 속으로 이모의 질문을 여러 번 반복하면서 질문을 이해해보려고 노력했다.

"내가 작은 원부터 큰 원까지 몇 개 그려볼게. 무엇이 원의 둘레를 길게 만드는지 그것부터 생각해볼래?"

이모는 작은 원 하나를 그리고 컴퍼스의 한쪽 발을 벌려 더 크게 그리고, 그것보다도 더 큰 원을 하나 더 그렸다. 그때 내 마음에 또 번개가 쳤다.

"컴퍼스의 발이 벌어질수록 원이 커져요. 그러니까, 원둘레가 더 길어져요!"

이모는 느닷없이 '브라보'라고 외치더니 나를 꽉 안아 올렸다. 지호도 반죽을 만지다 말고 나를 바라 보았다. 평소에 누나를 우습게 알더니 지금은 정반대의 표정이다.

이모는 신나 보였다. 이번엔 밀가루 반죽을 미는 나무 밀대를 가져와 한가운데를 잡고 돌려보았다. 휘리릭 도는 밀대를 보면서 밀대의 끝이 원 모양이고 중심부터 끝까지가 '반지름'이라고 했다.

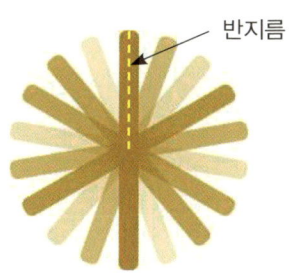

원 모양인 벽시계도 가져왔다. 시계의 중앙이 원의 중심이다. 중심에서 시계 둘레까지가 반지름이다.

"반지름만 알면 원둘레의 길이를 구할 수 있다는 말이죠? 반지름이 짧으면 원이 작고, 반지름이 길면 원이 커지는 건 알겠어요. 근데 그것만 알면 원의 둘레를 구할 수 있어요? 다른 건 영향을 주지 않나요?"

이모는 놀라는 표정이었다. 그것은 쉽지 않은 문제라서 옛날의 천재들도 그 문제를 풀기 위해 무척 애를 썼다고 한다. 마침내 찾아낸 결론이 여기에 있다.

"수아가 날카로운 질문을 해서 어떻게 설명해야 할지 잘 모르겠어. 꽤 어려운 문제거든. 일단 그 문제는 잠시 두고 두 번째 문제부터 볼까?"

"우리 이모가 모르는 것도 있어요?"

그렇게 물었더니 이모가 환하게 웃었다.

"나는 모르는 게 아주 많아. 그래서 좋지. 모르는 것을 알아가는 게 좋거든. 하하! 그건 그렇고 이제 뭐 할 차례라고?"

"반지름이 원을 얼마나 크게 하는지 찾기!"

나는 씩씩하게 말했다. 이모는 아르키메데스 님이 이 문제를 푸는데 크게 기여했다고 했다. 또 아르키메데스 님이라니! 나는 놀랐다.

이모는 밀가루 반죽에 컴퍼스를 돌려서 원 2개를 만들었다. 하나는 크고, 하나는 작았다. 반지름의 길이를 쟀다.

작은 원은 반지름이 1cm, 큰 원은 반지름이 2cm다.

우리가 워낙 작아서 그것도 꽤 컸다. 그런 다음 원을 반으로 잘랐다.

"반원의 길이를 알아내서 나중에 2배 하면 원의 길이가 나오겠지? 우선 반만 살펴보자."

이모는 반원을 직선으로 펼친 다음 컴퍼스를 대어 보았다. 작은 원은 세 번하고 약간 더 되었다. 조금 넘는다. 자로 쟀다. 3cm보다 0.15cm쯤 컸다. 즉, 반지름의 3.15배 정도다.

반지름이 2cm인 원으로도 해봤다. 그것도 컴퍼스 길이의 3배

① 컴퍼스로 원을 그린 다음 반으로 자른다.
② 반원을 직선 형태로 놓는다.
③ 원에서 반지름을 컴퍼스로 찍는다.
④ 찍은 컴퍼스로 직선으로 펴 놓은 '반원' 막대를 잰다.
⑤ 세 번 재고 조금 남는다.

인 6㎝보다 조금 컸는데 정확히 재어보니 0.3㎝ 정도 컸다. 이번에도 반지름의 3.15배 정도 큰 거다(실눈을 뜨고 자세히 보니 0.3㎝보다는 약간 작았다).

이모는 반지름을 3㎝인 큰 원을 1개 더 그려봤는데 마찬가지였다. 더 큰 원을 그려도 비슷할까? 속으로 그런 생각을 하고 있는데 이모는 무언가를 쓴 공책을 내밀었다.

반지름이 1일 때 반원의 길이는 1×3+0.15보다 조금 작고
반지름이 2일 때 반원의 길이는 2×3+0.3보다 조금 작고

반지름이 3일 때 반원의 길이는 3×3+0.45보다 조금 작다.

그러면서 여기에도 어떤 규칙이 있지 않겠냐고 했다. 내가 눈살을 찌푸리자 이모가 미소를 지으며 말했다.

"우리 수아, 수학은 잘하는데 계산은 익숙하지 않구나? 하지만 걱정하지 마. 나는 확신한다. 우리 수아, 우리 지호가 계산도 잘하게 될 거라고. 질문을 조금 바꿔 볼까. 지금 밀가루 반죽으로 원을 하나 더 그릴 거야. 반지름을 4㎝로 할 거거든. 그러면 반원의 길이는 얼마나 될까?"

나는 이모의 공책을 보고 뭔가를 찾아내려고 애썼다.

"4×3은 12. 그러니까 12는 넘어요."

느닷없이 지호가 말했다. 아니, 저 녀석이? 나도 12보다는 클 것이라고 생각했다. 그리고 그보다 조금 더 될 거라고…. 그때, 또 번개가 번쩍했다. 아하!

"이모, 4×0.15는 얼마에요?"

이모는 0.6이라고 답했다.

"그럼 반지름이 4cm일 때, 반원의 길이는 12 더하기 0.6, 그러니까 12.6㎝쯤일 거예요. 그것보다 조금 작겠죠."

그렇게 답했다. 잘 모르겠지만 그럴 것 같았다. 이모는 진지한 표정으로 왜 그렇게 생각했느냐고 물었고, 나는 반지름이

1㎝, 2㎝, 3㎝일 때도 반지름의 3배에 0.15배쯤을 더했으니 반지름이 4㎝일 때도 그럴 거라고 했다. 이모의 얼굴이 환해졌다. 자를 꺼내며 직접 재보라고 했다. 거의 맞았다. 갑자기 박수 소리가 들리고 이모는 나와 지호를 꽉 껴안았다.

조금 지나고, 흥분이 가라앉은 이모는 찬찬히 말해 주었다.

"맞아. 반지름이 얼마든 상관없이, 반원은 언제나 반지름의 3배하고도 0.15배 정도 커. 그래서 전체 원의 둘레는 반원의 둘레에 2배 하면 돼! 그럼 전체 원의 둘레는 지름의 3.15배 정도이겠고. 그렇지?"

이모는 나와 지호를 향해 두 팔을 활짝 벌리며 서 있더니 우리를 껴안으러 다가왔다.

"너희 정말 대단하다. 수아 님, 지호 님, 멋지십니다!"

이모가 하도 꽉 안아서 아플 정도였다. 그때 나도 모르게 비례식이 2개 생각났다.

**반지름 : 지름 = 반원 : 전체 원**

**반지름 : 반원 = 지름 : 전체 원**

정말 나도 모르게 생각난 것이다. 나도 이모처럼 되어 가는 건가? 정말 이모처럼 '수학에 미치면' 어떡하지?

내 얼굴이 붉어졌다. 뭔지 모르게 부끄럽기도 했고 뭔가 깨달은 것 같아서였다. 그렇게 화장지 수학 탐험이 끝나려는 때 이모는 미안하지만 한마디만 덧붙이겠다고 했다.

반원의 둘레가 반지름의 3.15배보다 작다고 했다. 그런데 3.14배보다는 크다. 사실 반원의 둘레는 반지름의 3.14배보다 아주아주 조금 크다. 원의 둘레가 지름의 3.14배와 거의 같다는 말이다. 정확히 3.14배는 아니지만 그 정도만 알고 있어도 된다. 3.14보다 아주아주 조금 크고 3.15보다 조금 작은 그 정확한 값을 '원주율'이라고 부른다. 이 3.14라는 수를 찾아낸 분이 바로 아르키메데스 님이다.

원주율이 정확히 얼마인지 알아가려면, 호기심과 끈기, 그리고 수학의 눈을 가져야만 한다. 마지막으로 나와 지호도 커서 어떤 직업을 갖든 호기심과 끈기, 그리고 수학의 눈을 갖기를 빈다고 했다.

이모가 말하는 '정확한 수'라는 것이 무슨 말인지 이해할 수 없었지만 더는 묻지 않았다. 나는 오늘 충분히 많은 생각을 했다. 수학을 했다. 똑똑해졌다. 그걸로 만족한다.

# 변기

# 변기에는 '수학'이 모두 모였어

"올 것이 왔다. 드디어 변기까지 왔어."

이모는 매끈한 변기를 올려보며 비장하게 말했다. 그렇다. 우리는 다시 작아지는 약을 먹고 변기를 탐험하러 온 것이다. 그러더니 감격에 겨운 것처럼 손 하나를 앞으로 들어 올리며 노래하듯 말했다.

"오~ 변기여~ 화장실의 얼굴이여~ 화장실의 꽃이여~"

그러더니 본격적으로 소프라노로 노래하기 시작했다.

"오~ 변기여~ 화장실의 집대성이여~ 화장실의 알맹이여~"

이모 말에 따르면 '변기'는 다른 곳에는 없고, 오직 화장실에만 있기 때문에 화장실의 알파와 오메가, 즉 처음과 끝이라고 했다.

"알파와 오메가요?"

지호는 고개를 절레절레 흔들었다. 그러자 이모는 자신이 한 말을 증명해 보이겠다고 했다. 증명이 뭐였더라? 아! 확인하는 거라고 했지. 정말 맞는지 분명하게 밝히는 것.

"변기 안에 화장실의 모든 것이 다 들어있다는 것을 지금부터 내가 증명하겠다!"

이모는 천천히 변기의 이곳저곳을 가리키며 어려운 말들을 했다. 지렛대, 길이, 부피, 부력, 압력, 나선, 공 모양, 원기둥…. 하지만 나와 지호는 그 말이 무슨 말인지 전혀 알 수 없었다. 미끈하고 깨끗한 변기는 이모 편도 아니고 우리 편도 아닌 듯 그냥 가만히 서 있을 뿐이었다.

이모는 시큰둥한 지호와 나를 '두고 보자'는 눈빛으로 바라보았다.

"변기라는 생각만 안 하고 보면 변기는 꽤 예뻐. 편안한 의자이기도 하지. 저기에 앉아 볼일을 보고 등 뒤에 있는 손잡이를 내리지. 그 작은 걸 아래로 내렸을 뿐인데 엄청난 물이 왕창 쏟아져서 내려가. 그리고 내가 물을 틀거나 잠그지 않았는데도

변기의 중간까지 물이 올라와서 충분히 모이면 더는 나오지 않고 멈추기까지 해. 이런 일이 저 변기 안에서 일어나고 있어. 이건 어떻게 가능한 걸까? 변기 안에 누가 들어가서 조종하는 걸까? 자, 우리의 훌륭한 수학 탐정님들! 저 안에 무엇이 있는지 추리를 시작해보시죠?"

추론이 시작되었다. 변기는 수도꼭지만큼 간단하지 않았다.

물이 빠지는 위치가 있다. 이것은 손잡이와 연결되어 있다.
물이 빠지는 걸 멈추게 하는 장치가 있다.
물이 다 빠지면 물을 다시 넣는 장치가 있다.

물이 충분히 채워졌다는 사실을 아는 장치가 있다.

이 정도는 알아냈지만 그 이상은 어려웠고, 어렵다고 느끼자마자 더 생각하기가 싫어졌다. 이모가 몇 번 질문을 던져서 힌트를 주려고 했지만, 그곳에서 우리의 생각은 한 발자국도 앞으로 나가지 않았다. 결국 이모도 포기했다.

"특단의 대책을 내놓겠다. 변기가 예쁘기는 하지만 속을 너무 단단히 감추고 있어서 너희가 헤매는 것 같거든. 수아야, 그리고 지호야! 너희 잠시만 뒤로 돌아 눈을 감아볼래?"

# 변기 물통에는 '부력'이 있다

 우리는 그렇게 했다. 바람 소리 비슷한 것이 몇 번 났다. 그게 전부였다. 그런데 이모가 이제 됐다며 돌아서 보라고 했을 때 우리는 놀랐다. 변기 앞판이 스르륵 사라지더니 안이 훤히 보이게 된 것이다.

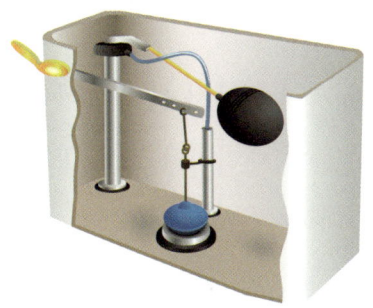

이모는 시치미를 떼고는 물통 속에 보이는 것들을 하나씩 가리키며 주장을 증명하기 시작했다. 그리고 그림까지 그려주며 설명했다.

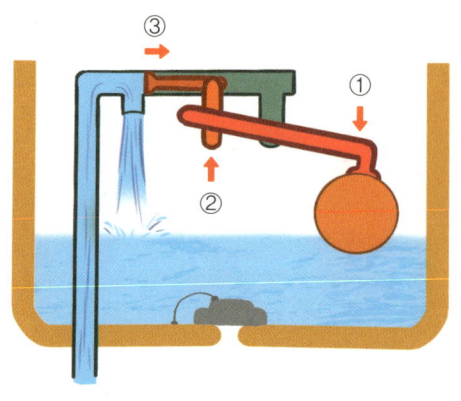

우리가 물을 내리고 난 후의 변기 물통 안에서 일어나는 일을 그린 그림이라고 했다. 집마다 변기 물통 구조는 조금씩 다르지만, 그런 차이가 중요한 게 아니라고 했다. 원리는 똑같다고 말이다. 자, 원리를 향해, 앞으로, 앞으로!

변기 물통이 비워지면 위에서 물이 쏟아진다. 물이 내려가고 물통이 텅 빈다. ①물이 내려가니 공도 내려간다. ②그래서 공을 매단 막대의 반대쪽은 위로 올라간다. 그때 ③막대가 오른쪽으로 움직인다. 그전까지 막대가 물을 막고 있었는데 오른쪽으로 이동하면서 공간이 열리고 막힌 물이 지나가면서 아래로 쏟아진다. 물이 쏟아지니 물통에 물이 점점 차오르고, 물이 차면 공이 다시 뜬다.

공은 뜬다. 당연하다. 왜지? 부력을 받으니까! 왜냐고? 욕조와 샤워기(1권 3부)를 탐험할 때 배웠다. 부력이란 뜨게 하는 힘이다. 거대한 배가 무거운데도 뜰 수 있었던 방법을 이모는 알려주었다. 이것을 공식으로 쓰면 다음과 같다.

$$부력 = 수 \times 부피$$

부피는 이렇게 썼었다.

$$부피 = \frac{질량}{밀도}$$

고무공은 속이 텅 비어서 밀도가 아주 낮다. 분모가 작아지니까 질량에 비해 부피가 크다는 뜻이다. 그래서 부력도 크다.

이모는 수식에 있는 부피, 질량, 밀도 등을 하나씩 짚어가면서 설명했다. 굳이 그렇게 하지 않아도 공이 물에 뜬다는 사실은 다 아는데 말이다. 처음에는 이런 과정이 귀찮고 지루했다.

그런데 지금은 아니다. 이모처럼 정확하게 알면 거대한 배가 물에 뜨고 작은 조약돌은 물에 빠지는 이유를 확실하게 알 수 있다. '하나를 정확히 알면 백을 안다'는 말이 무엇인지 이제 나는 이해한다. 전부 이모 덕분이다. 그래서 이모가 이모다운 게 나는 좋아지기 시작했다.

# 변기 물통에는 '지렛대'가 있다

그렇게 부력은 증명되었다. 그다음으로 이모는 지렛대 원리가 변기 안에 있다는 사실을 증명했다. 공이 달린 막대가 지렛대다.

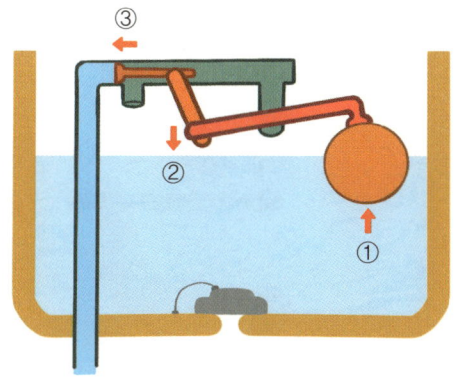

①부력이 공을 밀어 올리면, ②그 힘이 공과 연결된 막대의 반대쪽까지 전달되어 아래로 이동한다. ③받침대에서 멀리 있는 쪽이 그만큼 힘이 세다. 그게 지렛대의 원리다. 좋다. 그런데 ②가 내려오면서 ③이 왼쪽으로 옮겨간다. 그래서 물이 나오지 않도록 막는다. 이게 신기했다. ②가 내려오는데 왜 ③이 왼쪽으로 이동할까?

"그렇게 할 수 있는 건 아주 많아. 생각하는 만큼 발명할 수 있지."

이모는 스스로 생각해보라고 했다. 그냥 가르쳐 주면 될 것을 이모는 왜 자꾸 생각하라고 하지? 나는 심술이 나서 고개를 세게 저었다. 절대 생각하지 않겠다고 다짐까지 했다. 그런데 내 뜻대로 되지 않았나 보다. 그 질문이 머릿속에 남아 있었는지 어느 날 갑자기 생각이 나고 말았다. 내가 생각한 장치는 이 장치다(여러분 스스로 생각해보세요! 이 장치는 어떤 원리로 움직일까요?).

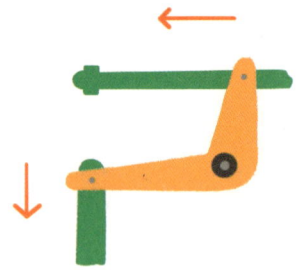

ㄱ자로 꺾여있을 뿐, 사실 이것도 지렛대다.

그래서 부력과 지렛대를 써서 물이 나오게도 하고 막기도 한다. 지렛대는 또 있다. 우리가 볼일을 보고 손잡이를 내리면 물이 내려가는 원리에도 지렛대가 있다.

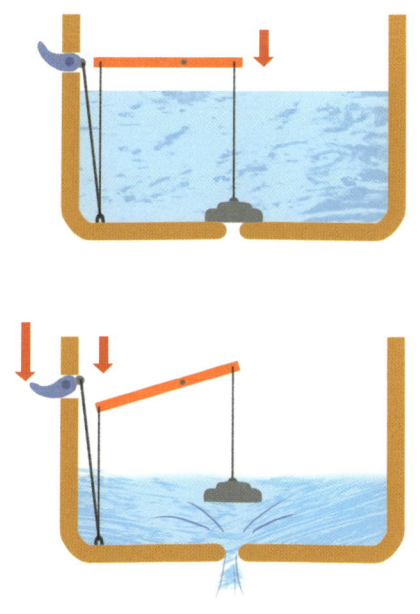

평소에는 마개가 물구멍을 막고 있다. 그러다가 물통 바깥에 있는 손잡이를 내리면 물통 안의 지렛대가 마개를 들어 올린다. 우리는 힘을 조금밖에 안 쓰지만 지렛대 원리로 마개는 쉽게 올라간다. 그와 함께 물이 한꺼번에 빠져나간다. 마개는 무거워야 한다. 부력이 마개를 뜨게 하면 안 되니까. 그렇다고 너무 무거우면 안 된다. 마개를 들어 올릴 때 힘이 많이 들면 안 되니까. 그래서 적당한 무게와 길이를 계산해서 찾아내야 한다. 그동안 화장실에서 볼일을 보고 물을 내린 후 편하게 나왔는데, 이렇게 되기까지 변기를 만든 사람들의 수고가 많았을 것 같다.

## 변기 물통에는 '부피'가 있다

 이모는 주머니에서 변기를 위한 부품을 꺼냈다. 변기통과 물통이 있고, 물통 안에 끼워 넣을 작은 물건들도 있었다. 공, 지렛대로 쓸 직선 막대, ㄱ 모양 막대 같은 것과 손잡이, 마개, 줄 등이 보였다. 우리가 작아진 만큼 부품들도 작았다. 함께 변기 물통을 조립하고 변기통과 물통까지 연결해보니 원리를 더 잘 알게 되었다.

 이모는 원래 변기와 모양은 같은데 크기만 다르다고 했다. 이제 확인할 차례다.

 아차, 수학 탐험이니까 정확하게 말해야지! 이제 모든 것이 잘 되었는지 '증명'할 차례다. 우리는 그 작은 변기에 큰일을 보는 대신에 밥알을 넣고 물을 부었다. 이모는 지호에게 손잡이를 내리면 어떤 상황이 생길지 물어보았다.

"물이 쭉 내려가는 거 아닌가요? 저 커다란 변기처럼요."

당장 손잡이를 내렸다. 그런데 물이 내려가는 대신 막힌 변기처럼 물이 졸졸 새어 나왔다. 밥알도 내려가지 않고 그대로 있었다. 아무리 살펴보아도 우리가 잘못한 것은 하나도 없다.

"보다시피 잘못된 것은 없어. 크기만 작지 똑같이 만들었으니까. 그런데 왜 이 작은 변기는 이럴까?"

또 나왔다. 이모의 '왜'! 예전에는 이모가 '왜'라는 말만 해도 몽둥이로 머리를 맞는 듯한 두통을 느꼈다. 그렇지만 더는 아니다. 나는 자신 있게 답을 했다.

"크기 때문이에요."

동그랗게 커진 이모의 눈이 나를 바라보았다.

"크기만 다르지 다른 건 다 같다면서요. 그럼 크기가 문제죠. 당연한 거 아니에요?"

당연한 말인데 이모는 정말로 놀란 표정이었다. 그때까지 멍하게 있던 지호는 이모의 얼굴을 보고 상황을 눈치챘는지 이모의 손을 잡아 당기며 말했다.

"이모, 나 알아요. 그거 크기 때문이에요."

이모는 활짝 웃으며 지호의 머리를 쓰다듬고는 물었다.

"크기! 크기 맞아. 그런데 어떤 크기?"

지호는 당황해하며 나를 봤다. 내가 대답했다.

"그건 부피죠. 물통의 크기니까요."

그렇다. 물통의 부피가 작으면 물이 적게 들어간다. 물이 적게 들어가면 마개가 열릴 때 물이 내려가는 힘이 작다. 반대로 부피가 커서 많은 물이 한꺼번에 쏟아지면 물이 떨어지는 힘이 크다. 떨어지는 모든 물은 지구의 중심을 향해 빨려든다. 그래서 댐의 수문을 활짝 열면 물이 힘차게 떨어진다. 큰 폭포의 물은 엄청난 소리를 내며 아래로 떨어진다. 물이 많으면 물레방아는 빠르게 회전한다. 그렇듯이 물통의 부피가 충분히 커야 물을 많이 담고 물이 충분히 많아야 아래로 쏟아질 때 힘이 강하고 그래야 물이 시원하게 내려갈 수 있다.

# 막힌 곳을 뚫으려면 '압력'이 필요해

이모가 변기를 막대로 톡톡 치자 변기가 투명해졌다. 그러니까 예전에는 볼 수 없었던 것도 보였다. 물이 내려가는 길은 직선이 아니라 S자 모양의 곡선이었다. 이 구조는 물이 조금이라도 남아서 악취가 올라오게 될 것을 막는다고 했다. 물통에서 내려온 물은 한번 올라갔다가 내려간다. 그래서 내려오는 물은 힘이 강해야 하고 물통이 커야 한다. 그렇다고 너무 크면 낭비니까 필요한 만큼의 물이 담기는 크기로 만들어야 한다. 그래서 물통의 크기, 아니 부피를 정해야 하고 계산해야 한다.

"변기 물이 잘 안 내려가면 곤란하단 말이야. 지금까지 우리가 떠올린 몇 가지 생각 중에 이유가 있겠지. 첫 번째로, 물이 충분하지 않았을 거야. 내려오는 힘이 충분히 세지 않았을 테니까."

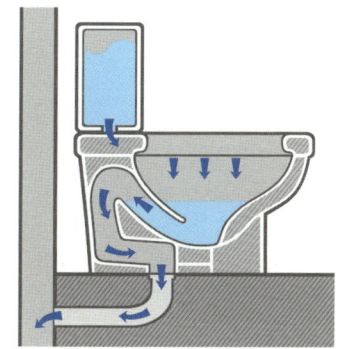

"다른 하나는요?"

지호가 묻자마자 이모가 답했다.

"나가는 힘이 약해서겠지?"

나가는 힘이 약하다는 것은 물이 시원하게 내려가지 않는다는 말이다. 어딘가 막혔다는 뜻이다. 그 무언가가…. 아무튼 그래서 막히면 물이 시원하게 나가지 않는다. 그럴 때 쓰는 것이 변기 옆의 고무가 달린 막대기다. 이 막대기의 평평한 고무 부분을 변기 구멍에 잘 맞춰서 대고 힘껏 누른다. 그러면 공기가 한꺼번에 쑥 들어가면서 공기의 압력이 막힌 곳을 강력하게 밀어서 뚫어버린다. 우리가 물비누 통의 머리를 누르면 통 내부의 압력을 높아져서 비누가 나오는 것과 비슷한 원리다.

# 06

# 변기 물은 '나선'으로 내려가

"소냐 이모! 그런데 나선은 어디 있어요?"

지호가 물었다. 지호가 그걸 묻자 나는 바로 답을 알았다. 그러나 말하지 않았다. 물론 이모도 답을 말하지 않았다. 그냥 변기 뚜껑 위로 올라가 물 내리는 손잡이에 밧줄을 던져 걸쳤다.

"아무리 화장실의 얼굴이라고 해도 그렇지. 변기에서 시간을 너무 많이 보냈다. 이제 마지막이야. 함께 이 줄을 당겨보자. 물이 어떻게 내려가는지 위에서 보자."

작동 원리를 이해하고 다시 보니 모르고 볼 때와 느낌이 달랐다. 손잡이를 내리자 네모난 물통 속의 물이 한꺼번에 내달리는 것처럼 보였다. 하나의 구멍으로 물이 모여서 강력하게 쏟아져 내렸고, 그 물이 변기통 전체를 쌩쌩 돌다가 다시 구멍 하나로 모여 나갔다. 물은 사라지기 전에도 수학을 하며 내려갔다. 빙글빙글… 그렇다. 또 나선이었다. 환풍기 날개에도, 문을 붙들고 있는 나사못에도, 휴지에도 있었던 바로 그 나선.

욕조에서 물이 빠질 때도 많은 물이 빠르게 빠지려면 나선으로 가는 게 가장 좋다고 했다(1권 106쪽). 당시에는 무서워서 집중하지 못했는데 이제 그 말이 생생하게 들렸다. 돌아가는 것이 빨리 가는 것이라는 말도 떠올랐다. 물은 그걸 알고 있나 보다. 수학은 물을 아는데, 물도 수학을 아는 건가?

변기 안에 그렇게 많은 수학이 들어 있다니, 변기를 만들기 위해 사람들이 그렇게 많이 생각하고 계산했다니!

변기가 그저 더럽기만 한 것은 아닌 것 같다. 반짝거리는 데다, 상자 모양의 물통도 있고, S자 모양의 관도 있고, 이모에게는 생각하는 의자가 되기도 하고…. 다시 보니까 꽤나 멋있어 보인다.

그러고 보니 그날 이모가 했던 말이 생각난다.

옛날에는 화장실이 땅을 판 뒤에 나무판자를 얹은 거였다고. 아주 오래전도 아니라고. 이모도 어렸을 땐 그런 곳에서 볼일을 보았다고 말이다. 지금처럼 편리하고 깨끗한 변기가 없었다면 아파트도 없었을 거라고. 아파트가 없었으면 도시에 이렇게 많은 사람이 살 수 없었을 거라고.

그러니까 이 모든 게 변기 덕분인가요?

단순한 원리가 몇 개가 모여서
변기가 되고
화장실이 되고
집이 되고
아파트가 되고
도시가 되고
그 단순한 것들은 모두 수학을 알고
수학은 그 모든 단순한 것들 속에 있다!

**화장실을 나가며**

# 세상은
# 수학으로 가득해

　잠에서 깼다. 여긴 어디지? 아, 이모네 집이구나. 오늘 아침은 이상할 정도로 낯설다. 지호는 옆에서 자고 있고, 이모는 어디에 있는지 모르겠다.

　천천히 주위를 둘러보았다. 오늘이 이모의 집을 떠나는 날이어서 그런 것 같다. 화장실 탐험을 마치고 이틀 동안 이모와 놀았다. 이모는 수학만 좋아하는 게 아니었다. 우리는 미술관과 수영장에 가고, 놀이동산도 갔다. 오늘은 엄마와 아빠가 오시는 날이다. 우리가 여기에서 지내는 동안 엄마와 아빠는 무려 12년 만에 단둘이 여행을 떠나셨다. 오랜만에 즐거우셨겠지?

　엄마와 아빠가 여행하는 동안 우리도 낯선 곳을 여행했다.

어쩌면 우리가 더 멀리까지 간 게 아닐까? 언제 또 이런 여행을 하게 될까? 몸이 손가락만큼 작아져서 화장실 문을 여느라 낑낑대고, 욕조에서 배를 타고, 수도꼭지를 들어 올리고, 거울 위에서 미끄러지고…. 물론 이런 경험도 특별했지만, 그동안 알던 것과 다른 수학의 새로운 면들을 발견하는 시간이 더 특별했다.

아빠를 만났을 때 나는 아빠에게 대뜸 물었다.

"아빠, 그거 알아? 수학은 그냥 문제를 푸는 게 아니야. 계산도 중요하지만 그건 일부야. 중요한 건 정확하게 생각하는 거야. 아주 단순한 것을 따지다 보면, 생각이 꼬리에 꼬리를 물고 이어져. 수학은 그런 거야."

아빠는 잠시 눈을 껌벅껌벅하더니 곧 알겠다는 듯 미소를 지으셨다.

여기까지다.

우리의 화장실 수학 탐험은 끝났다. 이제 뭔가 알 것도 같은데 끝나서 아쉽지만 엄마와 아빠, 그리고 친구들이 무지 보고 싶다. 이모랑 지낸 지난 두 주가 꿈만 같다. 처음과 달리 수학이 점점 재미있어졌다. 예전에 수학은 곱셈이나 나눗셈을 잘

하는 거라고 생각했었다. 하지만 그런 건 방법일 뿐이었다. 중요한 것은 정확하게 생각하는 것이다. 정확하게 생각하기 위해 단순한 것, 즉 수나 도형이나 수식으로 바꿔서 생각했다. 추론을 하고 나서 그것이 맞는지 '증명'했다.

    이모는 호기심을 갖고 이치를 따지는 것이 수학이라고도 했다. 혼자 다시 화장실에 가 보았다. 화장실이라는 방, 타일, 화장실 안의 욕조, 세면대, 수도꼭지…. 천천히 둘러보다가 환풍기를 작동시켰다. 우리가 탔던 드론과 도르래, 변기, 그리고 욕조에서 만난 소용돌이가 떠올랐다. 휴지를 타고 내려오던 기억도 생생했다. 이제 화장실에 있는 물건들이 예전과는 달라 보인다. 여기에 이렇게 많은 수학이 숨어 있다니!

    집으로 돌아오는 차 안에서 나는 바깥 풍경을 보았다. 벌써 이모가 보고 싶었다. 이모의 목소리가 귀에 스친다. 창밖에는 도로, 신호등, 공사장, 높은 건물, 지하철, 자동차, 자전거 등 정말 많은 것이 한꺼번에 움직인다. 수학이 가장 없을 것 같은 화장실에서 수학 탐험이 시작되었다. 이런 생각이 들자 놀라움이 밀려왔다.

    세상에! 저기에는 도대체 얼마나 많은 수학이 있는 거야?

집에서 깨우치는 수학의 원리
# 화장실 수학 탐험대

❷편: 추론, 닮음, 둘레

| | |
|---|---|
| 초판 1쇄 발행 | 2023년 3월 17일 |
| 지은이 | 박병하 |
| 펴낸곳 | (주)행성비 |
| 펴낸이 | 임태주 |
| 책임편집 | 이윤희 |
| 디자인 | 아르케 디자인 |
| 그림 | 유유 |
| 마케팅 | 한경화 |
| 출판등록번호 | 제2010-000208호 |
| 주소 | 경기도 파주시 문발로 119 모퉁이돌 303호 |
| 대표전화 | 031-8071-5913 |
| 팩스 | 0505-115-5917 |
| 이메일 | hangseongb@naver.com |
| 홈페이지 | www.planetb.co.kr |

ISBN 979-11-6471-218-2 (74410)
      979-11-6471-216-8 (세트)

※ 이 책은 신저작권법에 따라 보호를 받는 저작물이므로 무단 전재와 무단 복제를 금합니다. 이 책 내용의 일부 또는 전부를 이용하려면 반드시 저작권자와 (주)행성비의 동의를 받아야 합니다.

※ 책값은 뒤표지에 있습니다. 잘못 만들어진 책은 구입하신 서점에서 교환해 드립니다.

행성B는 독자 여러분의 참신한 기획 아이디어와 독창적인 원고를 기다리고 있습니다. hangseongb@naver.com으로 보내 주시면 소중하게 검토하겠습니다.